CW00862913

Die gläubigen Schuldner

Yoshi Frey, geb. 1963, beschäftigt sich seit über 10 Jahren mit dem Thema Geld und Wachstumszwang. Er studierte Wirtschaftsgeschichte, Psychologie und Tiefenpsychologie nach C. G. Jung und war als Finanzberater tätig.

*Meinem verstorbenen Freund Boudewijn Wegerif gewidmet, ohne dessen Inspiration dieses Buch nicht entstanden wäre.*

*Besonderen Dank auch an Marita Norin*

Yoshi Frey

# DIE
# GLÄUBIGEN SCHULDNER

Die spirituellen Gründe des Geldwahns

Vorwort von Prof. Dr. Margrit Kennedy

Bibliografische Information der Deutschen Bibliothek:
Die Deutsche Bibliothek verzeichnet diese Publikation in der Deutschen
Nationalbibliografie; detaillierte Informationen sind im Internet über
<http://dnb.ddb.de> abrufbar.


© 2005 Yoshi Frey
Herstellung und Verlag: Books on Demand GmbH, Norderstedt
© Umschlagbild Bodil Frey,
Bildvorlage von NASA

ISBN 3-8334-3310-8

# Inhalt

*„Wenn ihr euch aber nicht erkennt,*
*So lebt ihr in Armut,*
*Und ihr seid diese Armut.“*

*Jesus, Thomasevangelium*

# Vorwort

D ieses Buch versucht die Frage zu beantworten, warum unser – bei näherem Hinsehen – mangelhaft funktionierendes Geldsystem existieren kann, ohne dass es von den meisten Menschen in Frage gestellt wird. Die Antwort auf diese Frage findet der Autor im kollektiven Unbewussten und kommt zu einem überraschenden Ergebnis: Geld ist eine Glaubensangelegenheit, der Mammonismus eine Pseudoreligion. Das scheinbar rationale Fundament der modernen Zivilisation erweist sich bei näherer Betrachtung als irrationales, sakrales Paradigma unserer Kultur.

Yoshi Frey lanciert hiervon ausgehend eine schlüssige und provokante Hypothese: das heutige Schuldgeld wird als eine unbewusste gesellschaftliche Projektion enthüllt, die mit ihren inhärenten Zwängen die Menschheit in einer selbstzerstörerischen „Matrix" gefangen hält. Es gelingt dem Autor, die spirituellen Hintergründe dieser Projektion im kollektiven Schatten aufzuspüren und die existentielle Aufgabe der inneren Bewusstwerdung klar zu machen. Nur durch diese Bewusstseinsarbeit kann nach seiner Meinung eine Transformation des Einzelnen und die Befreiung der Gesellschaft als Ganzes vom Schulden- und Wachstumszwang gelingen. Frey sieht im Prozess der Selbsterkenntnis den Schlüssel zur Heilung unserer sozialen Gemeinschaft und unserer gestörten Beziehung zur Natur.

Damit hebt dieses Buch die Systemkritik auf eine neue Ebene: Erst wenn unterdrückte kollektive psychische Inhalte ins allgemeine Bewusstsein gelangen, dann können wir uns von den unterdrückenden Mechanismen unserer Gesellschaftsstrukturen befreien, die wir sonst immer und immer wieder unbewusst erzeugen müssen. Ebenso wie der Philosoph Ken Wilber argumentiert auch Yoshi Frey: Erst Selbsterkenntnis kann uns aus den neurotischen Zwängen befreien, in denen wir gefangen sind – dies gilt für den Einzelnen wie auch auf kollektiver Ebene für unser neurotisches Wirtschaftssystem.

Die spirituellen Gründe des globalen Geldwahns bewusst zu machen, ist darum ein notwendiger Schritt zur Genesung und Befreiung unserer Gesellschaft. Diese Art von Aufklärung und Mut zur Selbsterkenntnis ist notwendig, damit uns der Übergang zu einer sozial und ökologisch nachhaltigen Zukunft gelingt. Darum wünsche ich diesem wichtigen Buch viel Aufmerksamkeit in der Öffentlichkeit, denn die hat es verdient.

*Prof. Dr. Margrit Kennedy*
*Steyerberg, April 2005*

# Kap. I

# Definition von Geld

## Mysterium Geld

E rst die Erfindung von Geld ermöglichte Arbeitsteilung und die Entwicklung einer komplexen Zivilisation. Geld ist das Fundament der Gesellschaft, eine notwendige Erfindung, ohne die unser heutiges Leben nicht funktionieren würde.

Für Geld können wir scheinbar alles kaufen, was unser Herz begehrt und für Geld opfern manche leichtfertig ihr Herz. Es ist magisch und es verleiht dem Besitzer Omnipotenz. Er hat den Zauberstoff, der in alle anderen Stoffe verwandelt werden kann. Geld ist der magische Stoff, mit dem alle Begierden erfüllt werden können. Es steht für Glück, Erfolg, Sicherheit, Reichtum, Wunscherfüllung, Macht, Kontrolle, Freiheit und vieles mehr. Wer es hat, hat Macht über das Leben; wer es nicht hat, hat nichts zum Leben. Geld herrscht somit über Leben und Tod.

Geld ist das, was in unserer globalen Glaubensgemeinschaft gilt. Mit Geld sind wir ein Jemand, es definiert den Wert und Rang unserer Person in der Gemeinschaft. Darum ist die Jagd nach dem Gelde nicht nur eine Frage des Überlebens, sondern eine Frage unseres Selbstbildes und besonders unseres Selbstwertgefühls. Die Jagd nach dem Gelde ist so zu einem Synonym für unsere Suche nach dem Glück geworden und es offenbart schon hierin seinen eigentlichen religiösen Charakter.

Die ganze Welt dient dem Geld. Die Kultur dieser Welt ist ein Kult des Geldes. Geld ist der Götze, dem fast alle dienen. Doch kaum einer fragt: Wer oder was ist dieser Götze? Was ist das –*eigentlich –*, dem wir alle dienen?

Ich behaupte, dass die Beantwortung dieser Frage uns in das

existentielle Zentrum des menschlichen Dramas führen wird. Und ich behaupte, dass erst durch die Bewusstwerdung dieses Dramas eine wesentliche, eine wirkliche Transformation unserer Gesellschaft geschehen kann. Ich behaupte, dass mit der Untersuchung dieses Mysteriums, auf das unsere Zivilisation errichtet ist und das ihre Handlungen so vollkommen durchdringt, ein großes Geheimnis gelüftet, eine Terra incognita unseres Bewusstseins erobert wird.

## Allgemeine Definitionsprobleme

Geld regiert die Welt. Wir wissen das. Es ist unsere tägliche Erfahrung. Doch wenn wir unsere Aufmerksamkeit einmal kühn und klar auf diese Erscheinung richten, um die sich die Welt dreht, dann verschwindet es in einem diffusen Schleier unverständlicher Erklärungen, ähnlich einem Schattenwesen, das sich verhüllt, wenn das Licht es erreichen möchte.

Die Frage, was Geld im Grunde ist, wird auf so viele verschiedene Weisen definiert, wie es Wirtschaftstheorien gibt. Es könnten ganze Bibliotheken mit dieser Frage gefüllt werden. Selbst Zentralbankchefs, die es wissen müssten, da sie ja Geld „schöpfen", geben zu, dass Geld schwer zu definieren ist. Z. B. sagte Alan Greenspan, Leiter der amerikanischen Zentralbank, bei einer Anhörung vor dem US-Finanzausschuss im Februar 2000 einmal:

*„Das Problem, das wir haben, ist nicht, dass Geld unwichtig ist, sondern, wie wir es definieren …"*

Selbst der Chef der wichtigsten Zentralbank der Welt weiß also nicht genau, mit was er es zu tun hat. Bei so viel Unklarheit haben die meisten sich einfach damit abgefunden, *dass* es Geld gibt und dass es so sein *soll*, wie wir es heutzutage vorfinden. Fast niemand kommt auf die Idee, es in Frage zu stellen. Diese Haltung ist – wie wir sehen werden – sehr wichtig *für die Existenz* des heutigen Geldes, denn es kann dadurch sein Mysterium bewahren.

# Die Funktionen von Geld

*„Geld ist nicht der Wert, <u>für</u> den Güter getauscht werden, sondern der Wert, <u>mittels</u> dessen sie getauscht werden; der Nutzen von Geld besteht darin, dass man damit Güter kauft; und Silber ist, solange es Geld darstellt, zu nichts anderem nütze." John Law, 1705* [2]

Der Wert und der Nutzen von Geld bestehen in seiner Funktion als Tauschmittel. Geld *ist* in diesem Sinne die abstrakte *Funktion* Tauschmittel. In welcher Form diese Funktion auch erscheint, ob als Gold, Silber, Eisen, Bronze, Papier, Zahlen auf einem Konto, Muscheln oder was auch immer – die *Träger* der Funktion erlangten ihren Wert immer durch die Funktion, die auf sie – per gesellschaftlicher Übereinkunft und meistens per Gesetzgebung – übertragen wurde. Der Nennwert des Tauschmittels (sprich: der Wert, den es *repräsentiert*) ist in der Regel immer größer als der Materialwert des Trägers.

Leider hat Geld auch noch andere Funktionen erhalten, die seine Funktion als Tauschmittel nachhaltig beeinträchtigen und die darum das Funktionieren der Märkte und das Wohl ihrer Gesellschaften immer wieder in gefährliche Krisen stürzen.

Üblicherweise werden dem Geld folgende drei Funktionen zugeschrieben: Tauschmittel, Wertaufbewahrung und Wertmaßstab. Bei der näheren Betrachtung dieser Funktionen wird die zentrale Dysfunktion des Geldes bald offenkundig werden.

## 1.  Tauschmittel – Voraussetzung für eine arbeitsteilige Gesellschaft

Wenn wir an Geld denken, dann meistens in seiner Funktion als Tauschmittel. Wir unterscheiden für gewöhnlich nicht zwischen dem Begriff „Geld" und „Tauschmittel". Dabei ist die

Funktion des Tauschmittels nur eine, wenn auch die wichtigste und *eigentliche* Funktion des Geldes.

Erst ein Tauschmittel ermöglicht Arbeitsteilung und damit differenzierte und effiziente Gesellschaften. Eine moderne Gesellschaft ist ohne Tauschmittel nicht funktionsfähig. Das Überleben der Individuen in einer arbeitsteiligen Gesellschaft hängt ganz direkt von einem funktionierenden Tauschmittel ab. Die Funktion „Tauschmittel", die das Geld innehat, macht es darum für alle Mitglieder der Gesellschaft unentbehrlich.

Geld wird als das „Blut" des wirtschaftlichen Kreislaufes betrachtet. Ohne Geld oder bei zu wenig Geld bricht der Handel, von dem alle existentiell abhängig sind, zusammen. Kurz: Der Austausch kommt zum Erliegen, die Arbeit steht still und die Menschen geraten in Not. Auch zu Zeiten großer Rekordernten und allgemeiner wirtschaftlicher Kompetenz der Bevölkerung führt der Mangel an einem funktionierenden Tauschmittel zu großen sozialen Krisen.

Eine derartige Krise beschreibt John Grey in England im Jahre 1843:

*„There are millions of people in England, Scotland and Ireland, able and most anxious to be mutual service to each other, who can be none for want of a proper medium of exchange between them. When the question is asked whether store houses are empty or not, as the cause of distress. Full! Full! Full! is one monotonous response to every enquiry of the kind. …Houses, furniture, clothes and food, are all equally abundant, whilst a market! a market! is the everlasting cry of the myriads, who, to become a market to each other, have only to eschew the enormous error which pervade their system of exchange."* [3]

Eine funktionale Zivilisation steht und fällt mit einem funktionalen Tauschmittel. Viele sind sich heutzutage darin einig, dass unsere Zivilisation dysfunktional gegenüber uns selbst und der Natur ist. Diese Tatsache sollte jedem ein Hinweis auf ein dysfunktionales Währungssystem sein.

## 2.  Wertaufbewahrungsmittel

Geld wird und wurde immer auch als Wertaufbewahrungsmittel benutzt. Einen Schatz zu haben, d. h. Geld zu horten, ist ein starker Impuls bei sehr vielen Menschen. Menschen haben in der Vergangenheit Gold- und Silbermünzen in ihren Schatzkammern gelagert, um Reserven für „schlechtere Zeiten" zu haben oder einfach, um sich materiell abgesichert zu fühlen. Auch heute legen wir unser Geld „auf die hohe Kante" und meinen damit, es irgendwie zu lagern und es nicht anwenden zu wollen, um uns an dem Gefühl der ökonomischen Sicherheit zu erfreuen.

In seiner Funktion als Tauschmittel ist Geld der omnipotente Stoff, der in alle anderen Dinge verwandelt werden kann. Wer viel Geld hat, „verfügt" über die Leistungen, die am Markt angeboten werden. Das Gefühl der potentiellen Verfügbarkeit ist ein Machtgefühl und aus Machtgier kann darum Geld zur Obsession werden.

Der Reiche hat die *Möglichkeit* buchstäblich in der Hand, fast alle seine Wünsche in Erfüllung gehen zu lassen. Der Geldbesitzer besitzt Macht und Kontrolle über den Markt und somit über dessen Marktteilnehmer. Die Omnipotenz des Geldes macht darum auch den Geldbesitzer omnipotent. Das Horten von Geld verleiht dem Geldbesitzer nicht nur ökonomische Sicherheit und Kontrolle über das eigene Leben, sondern eben auch Macht über das Leben anderer.

Es ist diese Mischung aus Sicherheit, Kontrolle und Macht, die uns emotionell an Geld kettet und die es zu so einem äußerst begehrten Sammelobjekt macht. In dieser Begierde nach Macht über das Leben liegt etwas Krankhaftes, Süchtig-machendes. Wie bei jeder Sucht ist die Angst als Triebkraft involviert. Letztlich, um ein späteres Thema vorwegzunehmen, so ist die Sucht, das Leben festhalten zu wollen, aus der Angst vor dem Sterben, vor dem Loslassen des Lebens, begründet.

Das Hamstern von Geld wird eine Strategie, um eine existentielle Lebensangst zu hantieren. Der neurotische Versuch, durch Akkumulation von Geld Kontrolle über das Leben zu erlangen, entzieht das für die Gesellschaft existentiell notwendige Tauschmittel dem wirtschaftlichen Kreislauf und verursacht jene allgemeine Existenzkrise, vor der sich der Einzelne gerade schützen wollte. Wer der Angst folgt, *kreiert* die befürchtete Wirklichkeit.


**Die Dysfunktion: Tauschmittel *und* Wertaufbewahrungsmittel**

*„For the love of money is the root of all kinds of evil."*
*(Apostel Paulus)*


Der Wunsch nach Macht und Kontrolle durch Akkumulation von Geld verursacht zunächst einen Mangel an Geld, eine Stockung und schließlich einen Kollaps des Wirtschaftskreislaufes. Die Folge ist schließlich ein Kollaps der Gesellschaftsordnung.

Dieser Vorgang war die Hauptursache für den Untergang aller Weltreiche, wie eine Untersuchung von Professor Ruhland an der Universität Freiburg (Schweiz) aus dem Jahre 1887 ergab. Eine Untersuchung, die damals von Bismarck in Auftrag gegeben wurde, weil er wissen wollte, warum alle Hochkulturen untergegangen sind. Ruhland fand heraus, dass, egal, ob es sich um Griechen, Römer, Araber oder Spanier handelte, die Ursache des Unterganges der Zusammenbruch ihrer Ökonomie war.

Jede Hochkultur wurde auf Geld gebaut. Bald aber war aller Reichtum in den Händen weniger konzentriert und der überwiegende Rest in die Schuldsklaverei verkauft. Das Geld hatte sich durch Zinsverleih bei wenigen Superreichen angesammelt und dadurch kollabierte früher oder später die Wirtschaft plus die gesamte gesellschaftliche Ordnung. Kapitalisten sägen also den Ast ab, auf dem sie sitzen. Man darf sie darum zu ihrem eigenen Schutz nicht frei walten lassen.

Wenn Geld als Tauschmittel dem Wirtschaftskreislauf dienen soll, dann kann es logischerweise nicht gleichzeitig als Wertaufbewahrungsmittel irgendwo gelagert werden. Diese zwei Funktionen – Tauschmittel *und* Wertaufbewahrungsmittel –, die unser heutiges Geld auf sich vereint, schließen sich gegenseitig aus. Je mehr gehortet wird, desto weniger kann es als Tauschmittel zur Verfügung stehen. Hortbares Geld ist darum ein irrationales Unding, ein Paradox. Es ist dysfunktional und erzeugt somit dysfunktionale Gesellschaften.

## Unklare Besitzfrage

Es ist im Grunde die unklare Besitzfrage, die Geld dysfunktional macht. Geld kann nicht zugleich als allgemeines Tauschmittel eine öffentliche Dienstleistung sein *und* unser privater Besitz. Öffentliches Tauschmittel und private Wertaufbewahrung müssen darum unbedingt zwei getrennte Dinge werden.

Es ist doch sehr erstaunlich, dass die wichtigste, gebräuchlichste und universellste Erfindung der Menschheit und das Fundament unserer Zivilisation einen so grundlegenden Konstruktionsfehler aufweist – und dass ihn fast niemand bemerkt, geschweige denn behebt.

Die Ursache für diese Betriebsblindheit muss meines Erachtens im irrationalen Band gesucht werden, das ich oben bereits andeutete und das ich später noch weiter ausführen möchte. Offensichtlich sind wir an diese Dysfunktion durch die ebenfalls dysfunktionale Zivilisationsgeschichte gewöhnt worden. Das Geld behielt – weil seine Dysfunktionalität unbewusst blieb – stets seine tragische Doppelrolle als Segen *und* Fluch der Zivilisation.

Freud meinte einmal, dass die Geschichte der Zivilisation die Geschichte einer Neurose sei. Vermutlich hat unser „neurotisches" Geld seinen gehörigen Anteil an dieser neurotischen Geschichte beigetragen. Eine Neurose steht bekanntlich unter dem Zwang der Wiederholung, bis sie bewusst geworden ist. Das kollektiv ins Unterbewusste Verdrängte manifestiert sich immer wieder in unserer gemeinsam geschaffenen Wirklichkeit, bis es ins allgemeine Bewusstsein gelangt und dadurch geheilt werden kann.


### Die dysfunktionale Lösung: der Zins

Der Zins ist ein Mittel, um die Menschen dazu zu bewegen, ihr gehortetes, „privates" Geld wieder dem gesellschaftlichen Kreislauf zum Nutzen aller zur Verfügung zu stellen. Der Zins ist der Tribut der arbeitsteiligen Gesellschaft an die Geldbesitzer für die Herausgabe des allgemein benötigten Tauschmittels. Dieser Weg war aber im Grunde keine Lösung, sondern das erpresserische Diktat derjenigen, die am längeren Hebel saßen und die das Wohl und Wehe der Gemeinschaft in ihren Händen hielten. Geld, das eigentlich eine fundamentale öffentliche Dienstleistung ist und das die Ordnung der arbeitsteiligen Gesellschaft garantiert, wurde zum Mittel von wenigen, um den großen Rest zu einer Abgabe zu erpressen. Der Zins ist eine Rente an die Kidnapper des öffentlichen Tauschmittels. Es ist arbeitsloses Einkommen, ganz so wie ein Grundherr von seinen Leibeigenen Grundrente verlangt, mit dem Unterschied, dass heute der Kapitalbesitzer und der Schuldner sich nicht länger kennen und so die Ausbeutung ihr Gesicht hinter dem schummrigen Nebel des Finanzmarktes verloren hat.

Die Dysfunktionalität des Geldes wurde durch die Einführung einer Belohnung für die Rückgabe überhaupt nicht gelöst, sondern vielmehr potenziert. Der Erpresser wird nur dadurch zum Loslassen seiner Kontrolle über das allgemein benötigte Tauschmittel gelockt, weil ihm *noch größerer* Besitz an Geld versprochen wird. So als ob man dem Räuber die Beute abkauft, indem man ihm für später noch mehr verspricht. Dieser Weg führt jede Gesellschaft früher oder später in die Katastrophe.

Die ursprüngliche Neurose, mit Geld das Leben kontrollieren zu wollen, wird durch die Belohnung in Form eines Zinses nicht gelöst, sondern kollektiv bestätigt und dadurch gesteigert. Der Zins potenziert den Geldmangel, indem er in eskalierendem Maße das Geld von den Benutzenden zu den Hortenden transferiert. Wer zu viel hat, bekommt noch mehr und wer zu wenig hat, muss sich noch mehr verschulden.

Wir erkennen das Grundmuster des Zinssystems: Die Reichen werden immer reicher und die Armen immer ärmer und mehr. Eine Schuldenfalle tut sich auf, die bewiesenermaßen viele Gesellschaften ruinierte und in der wir uns auch heute wieder befinden. Die heutigen sozialen Krisen sind vom Muster her seit Jahrtausenden bekannt, nur ihr Umfang ist nun globaler Natur, da alle Volkswirtschaften miteinander verwoben sind.

Der Wunschtraum, durch Akkumulation von Geld das Leben kontrollieren zu wollen, wird durch die Institution des Zinses zum dysfunktionalen globalen Herrschaftssystem, welches das Leben erdrückt.

## Das Dilemma des Zinses

Warum aber, so könnte die Frage lauten, ist der Zins überhaupt über die Jahrhunderte immer notwendig gewesen, obwohl er ja über lange Zeit mit strengen Strafen von den großen Religionen verboten wurde?

Mit Verboten ist dem Zinsnehmen jedoch nie beizukommen gewesen.

Wenn der Zins verboten wurde, dann hatten die Geldbesitzer keinen Anreiz mehr, das Tauschmittel, das in ihren Händen war, der Gesellschaft zur Verfügung zu stellen. Die Folge war, dass es zu Wirtschaftskrisen kam, weil der Handel ins Stocken geriet. Der Geldreformer Helmut Creutz schreibt: *„Das Zinsproblem ist also vor allem in dem Dilemma zu sehen, dass mit Zinsen die sozialen Ungleichgewichte zunehmen, ohne Zinsen der Geldkreislauf zusammenbricht. Nicht der Zins ist also die eigentliche Problemursache, sondern die Möglichkeit, Geld zurückzuhalten und für dessen Freigabe einen Tribut zu erpressen.“*[4]

Wie schon oben beschrieben, beruht das ursprüngliche Problem auf der widersinnigen Doppelfunktion des Geldes als öffentliches Tauschmittel *und* als Wertaufbewahrungsmittel von privaten Werten. Geld kann aber immer nur jeweils eine dieser Funktionen erfüllen. Der Zins ist daher ein notwendiges Übel, solange die Dysfunktion des Geldes, d. h. die Möglichkeit, es gewinnbringend zu horten, nicht aufgehoben ist.

## 3. Wertmaßstab

Geld ist ein universell benutzter Wertmaßstab. Mit Geld kann die Wertschätzung aller Dinge und Dienstleistungen, die auf einem Markt angeboten werden, in Zahlen ausgedrückt werden. Ein Kilo Kartoffeln kostet X und ein Laib Brot Y. In unserer

Rechnung werden die Kartoffeln *gleich* X und das Brot *gleich* Y, obwohl jedes Brot und jede Kartoffel einzigartig sind. In Wirklichkeit ist jedes Ding und jeder Mensch einzigartig, aber Geld, als universeller Wertmaßstab, macht alles gleich. Wir können den subjektiven Wert von Waren und Dienstleistungen mit Geld in Zahlen ausdrücken, aber nicht den Wert *an sich*.

Geld respektiert nicht die Einzigartigkeit der Wirklichkeit. Es ist geschaffen worden, damit alles miteinander verglichen werden kann. Darin liegt seine Aufgabe als Tauschmittel. Das ist aus der Sicht der Ökonomen eine sehr praktische Sache, weil auf diese Weise plötzlich Äpfel mit Birnen und Kartoffeln mit Schuheputzen verglichen werden können. Alles, was verkäuflich ist, wird vom Homo oeconomicus mit Hilfe des Preises verglichen. Auf diese Weise wird schließlich die Wirklichkeit *an sich*, die immer einzigartig und unschätzbar ist, durch die Brille des Wertmaßstabes Geld zu einer verkäuflichen Ware reduziert. Diese Sichtweise, die Wirklichkeit auf ihre Verkäuflichkeit zu reduzieren, mag aus der Sicht des Händlers praktisch sein. Wenn sie aber zur einzigen oder kulturell dominierenden Sichtweise einer Gesellschaft wird, dann wird Geld das Maß aller Dinge. Dann hat zwar alles einen Preis, aber nichts mehr einen innewohnenden Wert. In einer solchen Gesellschaft ist nichts mehr heilig, sie hat den Blick für das Wahre und Schöne verloren. Dann ist jeder autonome Wert der Schöpfung negiert.

Wenn Geld sprichwörtlich das Maß aller Dinge wird, dann ist es blind für alles, was keinen ökonomischen Wert hat. Erst mit der Argumentation, dass z. B. Artenvielfalt medizinisch und damit ökonomisch ausgenutzt werden kann, wird Artenschutz interessant, vorher nicht. Der Schutz der Wale und Gorillas vor dem Aussterben wird nur interessant, wenn man den Erhalt mit ökonomischem Gewinn, z. B. Ökotourismus, rechtfertigen kann usw.

Auf gewisse Weise drückt sich in dieser Manier der Wunsch

aus, das Leben verfügbar zu machen und es der Verkäuflichkeit zu unterwerfen. Diese Sichtweise ist ähnlich dem Blick eines Freiers auf eine Frau – er ist besitzergreifend, ein Übergriff und ihre unantastbare Integrität verletzend.

„Für den Zyniker hat alles einen Preis und nichts einen Wert", wie der englische Dichter Oskar Wilde es einmal treffend formulierte. Am Ende ist nur das wertvoll, was einen Preis hat.

Diese zynische Sichtweise, die heute leider vorherrschend geworden ist, ist blind für die Schönheit und das Wunder der Schöpfung und für das, was das Leben wirklich lebenswert macht. Sie ist zutiefst verachtend für das, was ist und was wir auch sind. Diese Sichtweise bemisst den einzelnen Menschen nach seinem ökonomischen Nutzen und seinem Gebrauchswert. Wir alle spüren die Überheblichkeit und das Kränkende dieser Weltsicht, und doch sind wir ihr alle ausgesetzt und sind Teil von ihr. Wir erfahren, dass diese Sicht „die Realität" ist, was bedeutet, dass sie das stillschweigende Dogma unserer Weltanschauung ist, und wenn man „dabei" sein möchte, dann sollte man sich diesem Maß (oder: „Master") fügen.

## Geld, Glauben und Macht

*„Geld ist unser ältestes Informationssystem – sogar die Schrift wurde in Mesopotamien ursprünglich zur Buchführung erfunden. Die ältesten Texte, die uns heute bekannt sind, stammen aus Uruk aus dem Jahr 3200 v. Chr. Sie beschreiben verschiedene finanzielle Transaktionen, darunter gedeckte und ungedeckte Kredite und den Transfer von ‚Devisen'.*

*Geld ist unser am weitesten verbreitetes Informationssystem, denn es zirkuliert täglich bei Milliarden von Tauschgeschäften in allen Gesellschaftsschichten. Heutzutage ist Geld ein wirklich globales Informationssystem – Billionen von Dollar bewegen sich mit Licht-*

*geschwindigkeit rund um die Uhr in einem völlig integrierten com-*
*puterisierten Devisenmarkt.*

*Geld ist auch unser universellstes Informationssystem, nachdem*
*selbst das ,kommunistische' China sich entschlossen hat, zur Moti-*
*vierung seiner riesigen Bevölkerung primär auf privatwirtschaftli-*
*che finanzielle Anreize zu vertrauen. Kurz gesagt, unser derzeitiges*
*Weltwährungssystem hat eine ähnliche Funktion wie das vegetative*
*Nervensystem im menschlichen Körper.*

*Es ist notwendig, damit alles funktioniert, wurde bis heute aber*
*nur unbewusst wahrgenommen und lag jenseits der Willenskraft*
*des Einzelnen.*

*Wenn wir in diesem Bild bleiben, besteht unser Ziel nun darin,*
*ein Bewusstsein für die Auswirkungen verschiedener Währungs-*
*systeme zu schaffen und die Entscheidungsmöglichkeiten aufzu-*
*zeigen."*

*Bernard A. Lietaer, Das Geld der Zukunft* [5]

Geld ist der DNA-Code einer Gesellschaft, wie Lietaer an anderer Stelle betont. Seine innewohnende Botschaft wird tag-
täglich milliardenfach neu iteriert, d. h. andauernd von Neuem
in die Gleichungen der Lebensentscheidungen von Milliarden
Menschen eingetragen. Die Information, die Geld überträgt,
ist der geheime Code, der in fast alle unsere Entscheidungen
verwickelt ist; er ist der unsichtbare Bauplan im gesellschaftlichen Organismus, der alle und alles unbewusst steuert. Seine
Befehle sowohl an den Einzelnen als auch an die Menschheit als
Ganzes entfalten eine eigenständige, dynamische und von uns
entfremdete Wirklichkeit, abgekoppelt von den ausbalancierten
Systemen der Natur.

Die im Geld kodierte Information ist wie ein Computervirus,
ein mentaler Supervirus, dem es gelungen ist, mit seinen subver-
siven Befehlen die Vorstellungswelt der Menschen auf globaler
Ebene zu durchdringen und sie unbemerkt zu okkupieren. Sein

Code hat auf virulente Weise unsere ureigenen menschlichen Codes besetzt: Seine Motive sind nun scheinbar die unsrigen geworden und wir wurden unserer eigenen Motive fremd. Der Code des Geldes ist so sehr Teil unserer kollektiv projizierten Wirklichkeit geworden, dass er von uns nicht mehr wahrgenommen wird. Es wird wie jedes Paradigma als absolute „Realität" akzeptiert und daher nicht wahrgenommen.

Für eine nachhaltige Veränderung unserer Kultur ist es daher entscheidend, die Information, die durch das Geld übertragen wird, allen bewusst zu machen. Aufklärung ist wie eine homöopathische Dosis: Sie macht das im Verborgenen Wirkende dem gesellschaftlichen Körper bewusst und mobilisiert die natürlichen Abwehrkräfte.


## Geld – eine kulturelle Übereinkunft

*„Es muss also ein Eines geben, welches das gemeinsame Maß vorstellt, und zwar kraft positiver Übereinkunft vorstellt, weshalb es auch Nomisma heißt, gleichsam ein vom Gesetz, Nomos, aufgestelltes Maß."* [6]

*Aristoteles*

Das Geldsystem ist ein Informationssystem und Geld vermittelt seine Information auf äußerst effektive Weise. Es werden allgemeingültige Symbole benutzt, die diese Information *repräsentieren* (aber nicht sind!) – meistens in natürlichen Zahlen einer willkürlich benannten Währungseinheit. Diese Symbole wiederum brauchen entweder einen materiellen oder immateriellen Träger: Sei es, wie im Altertum, Münzen oder später Papierscheine bzw. wie heute die Bits auf den Festplatten, auf denen die Kontostände unserer Bankguthaben registriert sind und die über das Telefonnetz jederzeit abrufbar sind.

Die Informationsträger sind also *nicht* das Symbol. Das Symbol wiederum ist *nicht* die Information. Die *Information* ist das *eigentliche* Geld, das *eigentlich Wertvolle*. Das wirklich Wertvolle, d. h. die Information, ist unsichtbar, und darum braucht sie ein Symbol und einen Symbolträger.

Was hier vielleicht wie Haarspalterei aussieht, ist der Versuch, die Verwirrung aufzulösen, die gemeinhin entstanden ist, wenn der Träger mit dem Symbol und das Symbol mit der eigentlichen Information verwechselt wurde.

Zu allen Zeiten identifizierten die Menschen das Symbol, den Informationsträger und die Information zusammengenommen als Geld. Allgemein unterscheiden wir nicht zwischen dem Symbolträger Geldschein (buntes Papier), dem Symbol (z. B. 10 Euro) und der Information, die er *repräsentiert*. Ohne weiter darüber nachzudenken, benutzen wir es täglich als Geld.

Um Geld wirklich zu verstehen, müssen wir aber die *eigentliche Information* kennen, die es *repräsentiert*. Seit Adam Smith hatte sich die Vorstellung etabliert, dass Gold- oder Silbermünzen den Marktwert des Metalls repräsentieren. Münzen sind nur eine standardisierte Menge der Ware Gold bzw. Silber. Darum wird diese Form von Geld als Warengeld bezeichnet. Doch Historiker halten dem entgegen, dass der Nennwert der Gold- bzw. Silbermünze meist per Beschluss des Herrschers entstand.

Der Grund, warum Gold und Silber als Münzmetall bevorzugt wurden, war die sakrale Symbolkraft, die viele Religionen mit Gold und Silber assoziierten und die Gold- und Silbermünzen speziell geeignet machte, um als Informationsträger mit einem Leistungsanspruch zu dienen. Gold und Silber (wie die Sonne oder der Mond glänzend) verliehen dem Geld den Nimbus des Heiligen und damit Wertvollen, Ewigen (nichtoxidierend), Edlen, Mächtigen und Ehrfürchtigen. Gold war auch der magische Schmuck der Priester und Könige. Diese religiös begründeten Projektionen wurden benutzt, um die allgemeine Akzeptanz des ausgegebenen Geldes zu erreichen.

Der Marktwert von Gold und Silber entstand vielmehr aufgrund der großen Nachfrage nach diesen Edelmetallen, da ihre allgemeine *kulturelle Akzeptanz* sie als materiellen Träger einer wertvollen, aber unsichtbaren Information besonders geeignet machte. Kurz: Gold und Silber waren deshalb wertvoll, weil es überall als Münzmetall nachgefragt wurde.

Doch lag der Geldwert der Gold- oder Silbermünze letztlich nicht im Metallwert, sondern in der *Information von Kaufkraft* begründet, die sie *repräsentierte*. Nicht der Seltenheitswert des Metalls war eigentlich für den Nennwert des Geldes ausschlaggebend, sondern *der Grad des allgemeinen Vertrauens in die Kaufkraft des Geldes*.

Historische Beispiele, wie z. B. in China, wo kaiserliches parfümiertes Papiergeld gleichwertig wie Gold gehandelt wurde, bestätigen diese Sichtweise.

Geld war und ist darum ein „Nomos", eine kulturelle Übereinkunft, „etwas" als Träger von Kaufkraftinformation zu benutzen.

Mit dieser knappen und einfachen Definition von Geld sind wir schon ein gutes Stück bei der Beantwortung der Frage, was Geld *eigentlich* ist, vorangekommen. Allerdings tauchen hier zwei weitere Fragen auf:

1.) Wie entsteht diese (unbewusste) Übereinkunft?
2.) Welche Regeln und Zwänge sind mit der Übereinkunft verbunden?
   Was ist der Inhalt des Deals bzw. was *beinhaltet* die Information von Kaufkraft?

## Vertrauen in die Macht macht Geld

*„The history of money is the history of civilization or, more exactly, of some important civilizing values."[7]*

*Alan Greenspan*

*„Der Gebrauch von Geld erforderte stets ein gewisses Maß an Vertrauen – die Überzeugung, dass es etwas wert war …Die psychologische Grundlage für den Wert von Geld liegt in der gemeinsamen Überzeugung, dass es generell verwendbar ist." [8]*

*Henry Clay Lindgren*

Alan Greenspan sagte auf einer Rede vor Numismatikern:
*„Its form [money] at any particular period of history reflects the degree of confidence, or the degree of trust, that market participants have in the institutions that govern every market system, whether centrally planned or free."*

Geld spiegelt also den Grad des Vertrauens, den die Marktteilnehmer in die Institution haben, die das Marktsystem regiert, wider. Geld spiegelt mit anderen Worten das Vertrauen in die herrschende Regierung bzw. in diejenige Macht, die das Geld ausgibt, wider. Es ist das *Vertrauen* der Geldempfänger, die das Geld wertvoll macht, denn „money has no intrinsic value", wie Greenspan hinzufügt.

*„Letzten Endes ist Geld Vertrauen, und Vertrauen lebt (und stirbt) in den Köpfen und Herzen von Menschen",* schreibt der Geldtheoretiker Bernard A. Lietaer[9] hierzu.

Das ist eine entscheidende Information: Der Normalbürger *glaubt*, dass es *umgekehrt* ist. Er glaubt, dass er vertrauenswürdig sein muss, um wertvolles Geld leihen zu dürfen. Dabei ist es *unser Vertrauen* in die Institution, die das Geld ausgibt, das es erst zum begehrten Tauschmittel macht. Wenn das Vertrauen einer

Gesellschaft in die Institution zerstört ist, die Geld herausgibt, dann ist auch diese Währung zerstört.

Früher mögen die Menschen dieses Vertrauen in die Priesterschaft und die Regierung gehabt haben, denen damals die Geldschöpfung oblag. Heute ist die Macht der Geldschöpfung auf die Banken und Zentralbanken übertragen, und damit ist auch klar, wer heute eigentlich die Herrschaftsgewalt innehat.

Macht ist von Geld abhängig. Darum muss jede Macht das gesellschaftliche Bewusstsein geschickt so beeinflussen, dass alle Marktteilnehmer in das von ihr ausgegebene Tauschsymbol Vertrauen haben, d. h. an dessen Wert „glauben". Geld ist, wie schon Aristoteles wusste, ein „Nomisma", eine Tauscheinheit, die kraft „positiver Übereinkunft" (Vertrauen) seinen Tauschwert erhält.

Die Frage, die hier auftaucht, ist, wie die Macht das Vertrauen, das sie von den Abnehmern ihrer Währung entgegengebracht bekommt, erlangt, wie sie es verwaltet und ob sie es verdient. Man könnte auch fragen: Verdient die Macht, die das Geld herausgibt, unser Vertrauen oder verdient sie *an* unserem Vertrauen? Ist vielleicht alles umgekehrt: *Entsteht* Macht *durch* unser Vertrauen in das von ihr ausgegebene Geld?

## Geld ist eine Glaubenssache

*„To accept money in exchange for goods and services requires a trust that the money will be accepted by another purveyor of goods and services."*

*Alan Greenspan, Chairman der Federal Reserve Bank*

Der entscheidende Grund, warum eine Währung akzeptiert wird, ist das Vertrauen, dass der Wert, den sie repräsentiert, auch tatsächlich von den anderen Marktteilnehmern akzeptiert wird.

Ich akzeptiere nur ein Geldstück oder einen Geldschein, wenn ich weiß, dass ich ihn im nächsten Geschäft einlösen kann.

Bernard A. Lietaer:

*„Sie haben die feste Überzeugung – und das ist der Schlüssel bei der Sache – nicht, dass die Banknote 20 Dollar wert ist, sondern, dass jeder andere den Wert von 20 Dollar anerkennen wird. Es spielt im Grunde keine Rolle, was Sie über Geld denken, Sie wissen jederzeit, Sie können es ausgeben. Sie glauben, dass jeder andere glaubt, das Geld habe einen bestimmten Wert. Wir sprechen hier über eine Überzeugung von einer Überzeugung. Überzeugung und soziale Übereinkunft sind mächtig und praktisch unzerstörbar. (...)*

*Eine Überzeugung von einer Überzeugung ist indes etwas vollkommen anderes. Sie ist zerbrechlich und flüchtig. Mag sein, dass nichts meine Überzeugung erschüttern kann, aber meine Überzeugung von ihrer Überzeugung kann durch ein Gerücht ausgehöhlt werden, durch eine unbestimmte Ahnung, durch ein Gefühl."*[10]

Der Glaube, dass Geld einen Wert hat, beruht also auf der sehr empfindlichen Überzeugung, dass alle anderen auch daran glauben. Nur wenn wir *alle* an den Wert des Geldes *glauben*, dann erst kann das Geld beim Austausch von realen Werten funktionieren. Es ist der gemeinsame, unbewusste *Glaube* an das Tauschmittel, der es erst zum Tauschmittel macht. Die Funktionstüchtigkeit und damit der Wert des Tauschmittels beruht auf einem gemeinsam geteilten Glauben – und nichts anderem. Geld ist, mit anderen Worten, eine *Glaubenssache*. Der Tauschwert von Geld existiert nur im gemeinsamen gesellschaftlichen Bewusstsein, als kollektives Paradigma, als ein unbewusster zentraler Glaubenssatz unseres Welt*bildes*.

An dieser Stelle möchte ich nun diese Untersuchung unterbrechen, um kurz auf die Geschichte des Geldes einzugehen. Danach wird es uns hoffentlich leichter fallen, den gesellschaftlichen Kontext, in dem unser heutiges Geld existiert, zu verstehen.

# Kap. II.
# Die mysteriöse Geschichte des Geldes

*„Die Geschichte des Geldes ist letzten Endes die Geschichte der Säkularisation der kultlichen Formen." Bernhard Laum*

*„Die Macht in einer Gesellschaft wird überwiegend von ihrem Geld- und Bankensystem ausgeübt. Während die Wahlen von Ministerpräsidenten und Volksvertretern im Mittelpunkt des öffentlichen Interesses stehen, werden die wirklich wesentlichen gesellschaftlichen Fragen – etwa ob allgemeine wirtschaftliche Gerechtigkeit herrscht oder ob einzelne Gruppen besondere Privilegien erhalten – oft leise hinter den Kulissen entschieden, und zwar mittels der Strukturen des monetären Systems einer Gesellschaft.*

*…(Es) wird die These aufgestellt, dass die Ausübung monetärer Macht das Hauptmotiv gesellschaftlicher Auseinandersetzungen ist und dass diese Macht durch undurchsichtige oder gar falsche Theorien über das Wesen des Geldes ausgeübt wird."* [11]

*Stephen Zarlenga aus „Der Mythos Geld – die Geschichte der Macht"*

### Geld – der Kitt der Gesellschaften

Arbeitsteilung macht uns abhängig voneinander und führt uns auf diese Weise zusammen: Wer sich auf eine Sache spezialisiert hat, ist darauf angewiesen, seine Spezialität auf einem Markt eintauschen zu können, um sich die Dinge zu besorgen, die er sonst noch zum Leben braucht. Arbeitsteilung macht uns damit sehr verwundbar, denn unser Überleben ist auf einen funktionierenden Markt angewiesen. Und dieser wiederum, wie bereits erwähnt, auf ein funktionierendes Tauschmittel.

Auf dem Markt spüren wir unsere Abhängigkeit von der Bereitschaft der anderen, unser Arbeitsprodukt einzutauschen, aber wir finden auch die Möglichkeiten zur Entfaltung unserer Erwerbsideen. Der Markt macht uns gleichzeitig abhängig und bietet neue schöpferische Freiheiten.

Unsere Arbeit und somit unser Leben kreist um die Notwendigkeit, unser Können auf einem gemeinsamen Markt *gegen Geld* eintauschen zu können.

Unsere Unternehmungen sind Strategien, um auf dem Markt der Bedürfnisse (Nachfrage) und der Fähigkeiten (Angebot) Erfolg zu haben, der in Geld gemessen wird. Um zu überleben, jagen wir heutzutage nach dem Gelde und nicht mehr nach dem Büffel. Auf Geld werden darum die sozialen und existentiellen Gefühle übertragen, mit denen früher die Tiere und die Ernte, d. h. die Natur besetzt waren. Geld ist heute, genau wie Nahrung, gleichbedeutend mit Überleben.

Haben wir früher ein Opfer an die Naturgöttin erbracht, damit sie uns eine reiche Ernte schenken möge, so opfern wir heute unser Erspartes, um vom „allmächtigen" Finanzmarkt mit Überfluss beschenkt zu werden. Ehrten und fürchteten wir früher die „Mutter Natur" als Lebensspenderin, so ehren und fürchten wir heute die Macht des Kapitalmarktes über unser Leben: Denn manchmal überschüttet er uns mit Überfluss (Gewinn) und manchmal mit Missernte (Verlust). Manchmal wütet er wie eine Naturkatastrophe (Währungszusammenbruch), doch im Allgemeinen hält Geld den Lebensfluss (Wirtschaftsfluss) im Gange.

Das Geld wurde eine neue Projektionsfläche unserer Hoffnungen auf das Übermenschliche und Göttliche. Daher ist Geld der Kitt unserer Gesellschaften; es ist die gemeinsame Projektionsfläche unserer Hoffnungen, Ängste und Wünsche. Die gemeinsame Jagd nach dem Geld schafft Gemeinschaft und kulturelle Identität.

Nicht zufällig waren die alten Tempel die Münz- und Prägestätten des Herrschers sowie der Marktplatz der Bevölkerung. Der Markt wurde das Herz eines neuen, künstlichen Organismus, der Zivilisation, deren Blutkreislauf das Geld war. Geld wurde und wird daher als Gott verehrt, als Gebieter und Schöpfer der Zivilisation. Ich werde weiter unten bei der Untersuchung der Projektionen mit Geld noch mehr auf dieses Thema eingehen.

## Verstädterung und Geld

Unsere Städte entstanden an den Marktplätzen. Sie sind Ausdruck der zivilisatorischen Kräfte, die das Geld entfaltete. Die Stadt ist ein künstliches Produkt, die sich auf Kosten des Landes ernährt. Die Städter stellen sich gewissermaßen außerhalb des natürlichen Kreislaufes und lassen sich von ihm ernähren.

Zivilisation ist die Kultur der Stadt und sie steht in einem Spannungsverhältnis zur Natur. Stadt und Kultur bedeuten Distanz von der Natur. Die Stadt war der Wohnort der Priester und des Königspriesters. Sie ist der Ort der Wissenschaften und der „heiligen" Bücher, in denen die Mythen des gemeinsamen Weltbildes geschrieben stehen. Die Stadt war Ausdruck einer göttlich legitimierten Herrschaft über das Volk, d. h. über die Bauern – und über die Natur.

Das städtische Bewusstsein entfernte sich mehr und mehr vom naturverbundenen Bewusstsein der Bauern, die wussten, dass alles Leben aus der Erde entsteht und zu Erde vergeht. Städtisches Bewusstsein ist somit eine Bewegung der Abspaltung vom Bewusstsein der Einheit mit der Natur. Es erhebt sich zum Herrscher über die Natur und fühlt sich zunehmend emotionell von der natürlichen Lebenswirklichkeit entfremdet. Das städtische Bewusstsein fühlt sich darum der Natur überlegen und es schaut herab auf jene, die mit der Erde arbeiten. Kulturmenschen betonen ihre verfeinerte Distanz zum „irdischen", schmutzigen Leben.

Die zunehmende Urbanisierung war ein Bruch mit dem alten Bewusstsein der mystischen Einheit mit der Erde. Dieser Bruch war nicht nur wirtschaftlich durch den Ackerbau gekennzeichnet, indem man sich die „Erde untertan" machte und planmäßig Tiere und Pflanzen domestizierte, es war vor allem auch ein emotioneller Bruch. Dieser Übergang vom spontanen „Hand-in-den-Mund-Dasein" der Jäger und Sammler hin zur Vorratsplanung erfordete Selbstkontrolle. Er erfordete z. B. die Kontrolle der spontanen Lust des Körpers, das Getreide nicht heute zu essen, sondern für eine später gedachte Ernte aufzubewahren. Die Selbstunterdrückung wurde mit einem Überlebensvorteil belohnt. Letztlich führte diese Selbstkontrolle zur Entfremdung von Körper und Geist, wobei der Geist mit zunehmender Zivilisierung seine Nähe zum Körperlichen leugnete und das Körperliche gar unterdrückte.

Dieser Schritt wurde in den Mythen als „Rausschmiss aus dem Paradies" geschildert. Es war der Bruch des menschlichen Bewusstseins mit dem mystischen Ganzen. Der Mensch fühlte sich nicht mehr als Teil der Natur, sondern als ihr entfremdeter Herrscher. Es war ein notwendiger Schritt, den die Menschen taten, weil das Leben als Jäger und Sammler nicht mehr genügend Nahrungsmittel erbrachte.

Die Entwicklung des menschlichen Bewusstseins in der zunehmenden Urbanisierung bedeutet auch eine zunehmende Entfremdung von der mystischen Einheit mit „Mutter Natur". Die aufkommenden patriarchalischen Religionen haben der Materie (von lat. mater = Mutter) die Göttlichkeit abgesprochen und damit das Göttliche aus dem Leben verbannt. Nunmehr war der Mensch nicht mehr selbstverständlicher Teil des natürlichen Kreislaufes. Er platzierte sich außerhalb, als etwas vom Lebenskreislauf Abgesondertes, die „Mutter Natur" Beherrschendes.

Es war die Zeit, als die Kulte der „großen Mutter" untergingen und nun einem neuen, männlichen Bewusstsein Platz machten: dem Priester und Herrscher. Dominanz und Kontrolle des Weiblichen in allen Formen war ihre Parole.

Nunmehr lebte das Göttliche im Himmel und war unerreichbar. Das Leben und die Dinge dieser Welt waren nicht mehr beseelt. Gott war nicht mehr im Körper und in der Materie präsent. Die Materie wurde für gottlos erklärt, und wir Menschen wurden folglich in diesem Universum zu Heimatlosen, vom All und von unserem Körper separierte Seelen.

Die „große Mutter", d. h. die Materie war von nun an unbeseelt und tot; die natürliche Verbundenheit zwischen Geist und Materie wurde geleugnet. Die Sehnsucht nach dem Erlebnis der Einheit von Geist und Körper, die stets in uns lebendig ist, wurde durch ein Versprechen auf Wiedervereinigung in einem Leben nach dem Tode für immer verschoben. Zugleich wurde unsere Sexualität, die Ausdruck unseres existentiellen Wunsches nach mystischer Einheit zwischen Weiblichem und Männlichem ist, als schmutzig und teuflisch denunziert. Die alten ekstatischen Rituale, in welchen wir unsere Kontrolle verlieren durften und die Separation für kurze Zeit überwinden konnten, wurden nach und nach als Teufelskulte verboten.

Die Unterwerfung von „Mutter Natur" war zugleich die „Geburt" der Illusion eines vom Lebensganzen abgetrennten Bewusstseins. Die Separation war sicherlich schmerzhaft, denn sie bedeutete eine Entfremdung und ein Verlust von Geborgenheit und Nähe zum Leben.

Die Illusion der Trennung führte in die nächste Stufe: Die Stadt und der kultivierte Mensch werden die Parasiten der Natur, die narzisstisch „Mutter Natur" aussaugen und sie beherrschen, ohne sich bewusst zu sein, wer wen erhält. Die Menschheit führt sich heute also auf wie gewisse Teenager. Diese Entwicklung war bestimmt notwendig. Letztlich jedoch verharrt das kollektive Bewusstsein in einem krankhaften und vom Lebensganzen entfremdeten Geisteszustand. Der Mensch erlebt sich als von Lebendigem getrennt, d. h. von sich selbst. Er fühlt einen Mangel, den er desperat durch gesteigertes Aussaugen von „Mutter Natur" zu beheben versucht.

Die zunehmende Urbanisierung führt uns nun an eine Stelle in unserer geschichtlichen Entwicklung, an der wir „erwachsen" werden müssen. Mittlerweile hat sich das von sich selbst separierte Bewusstsein des Menschen so selbstzerstörerisch entwickelt, dass es eine Gefahr für sich geworden ist. Um überleben zu können, gilt es nun, dass wir Verantwortung für unsere krankhafte Separation übernehmen und sie zu heilen lernen.

Damals war die „Entfremdung" vom Einheitsbewusstsein mit der Natur eine Notwendigkeit, um unser Überleben sichern zu können. Heute ist die Heilung und Aufhebung der Separation eine Notwendigkeit, um erneut unser Überleben zu sichern. Wir wurden nicht aus dem Paradies geworfen, wir haben es notgedrungen verlassen. Wir mögen rückwirkend verzeihend erkennen, dass die Separation notwendig war, dass sie jetzt aber zu einer Bedrohung für uns geworden ist. Deshalb ist es heute entscheidend, Verantwortung für unsere Heilung zu übernehmen.

„Zurück zur Natur" können wir dennoch nicht praktizieren. Wir können nicht in den Busch zurückziehen und darum geht es auch gar nicht. Es geht um eine bewusstseinsmäßige Rückbindung, ein Erinnern an unsere Verbindung mit „Mutter Erde". Es gilt, das heutige Bewusstsein und den Weg dahin nicht zu verurteilen, sondern die Separation als Start für eine dialektische Bewusstseinsentwicklung zu würdigen.

Die Dialektik erfordert das Wissen, dass die Begrenzung unseres Bewusstseins auf unseren Intellekt uns „dumm" für die Ganzheit des Lebens macht. Der Verstand kann die Mystik der Einheit niemals begreifen, denn er selbst ist das Hindernis, das die Einheitserfahrung vereitelt. Er erklärt sie schlicht für nicht existent, denn sie ist nicht Teil seines Universums. Die Rückbindung zur Einheit kann nur durch ein Hinauswachsen über die Grenzen unseres Verstandes geschehen. Um einen Vergleich zu bringen: Wir können auch nicht unseren Verstand benutzen, wenn wir uns in Ekstase mit unserem Liebespartner vereinen. Hingabe ist eine Fähigkeit, die die Erfahrung der Verbundenheit erst ermöglicht.

Wir stehen nun an der Schwelle uns bewusst zu werden, in welcher Separation wir uns die ganze Zeit befunden haben. Diese Erkenntnis ist notwendig, um einen Prozess der Heilung einleiten zu können. Wir brauchen Krankheitseinsicht, um überhaupt eine Therapie beginnen zu können. Erst dann können wir Verantwortung für unsere Heilung übernehmen und die Beziehung zum Lebensganzen wieder herstellen.

Es geht darum, unsere Beziehung zum Weiblichen und Körperlichen und den Kreislauf von Leben und Tod wieder aus vollem Herzen zu ehren, damit wir die Einheit in uns erfahren können. Geld spielte bei der Geschichte der Entfremdung unseres Bewusstseins vom Lebensganzen eine zentrale Rolle. Es war zugleich Mittel und Symbol für die zivilisatorische Entwicklung.

## Geld als Schuldopfer an die Götter

*„Die genauen Ursprünge des Geldes sind unbekannt, wir wissen nur, dass seine frühesten Erscheinungsformen aufs Engste mit den Mysterien des Heiligen zusammenhingen und dass seine Rolle die eines Symbols war. Ein Symbol ist ein ‚wahrnehmbares Zeichen, das stellvertretend für etwas nicht Wahrnehmbares steht‘, lesen wir im Brockhaus. Weiter wird ausgeführt, dass alle frühen Symbole mit religiösen Vorstellungen verbunden waren.“*

*Bernard A. Lietaer* [12]

Ganz offenbar steht Geld für einen sakralen Wert, denn es wurde zuerst von der Priesterschaft ausgegeben. Geld wurde als sakrale Opfergabe benutzt. Forscher wie Bernhard Laum orten den Ursprung des Geldes im religiösen Kult als vorgeschriebener Opfergabe an Götter und als Bezahlung an Priester.

*„Das Geld ist ein Geschöpf der Rechtsordnung. Das älteste Recht ist das Recht der Götter. Folglich ist auch das durch den sakralen Nomos (Gesetz, Anm. d. A.) geschaffene Geld ein Geschöpf der Rechtsordnung. Die Normen des sakralen Geldes sind in das profane Recht übernommen. Die Geschichte des Geldes ist letzten Endes die Geschichte der Säkularisation der kultlichen Formen.“*

Laum schlussfolgert, dass der griechische Stadtstaat Schöpfer des Geldes geworden ist, „weil er Träger des Kultes war". [13]

Zarlenga wiederum spekuliert, dass Geld ursprünglich aus dem Bedürfnis nach einheitlichen Opfergaben oder Abgaben für Götter und Vergütungen für Priester entstanden ist. Dass Geld etwas mit religiösem Opferdienst zu tun hat, leitet sich bereits aus dem Wort ab. Das neuhochdeutsche Wort Geld heißt „gelt" und hatte die Bedeutung von Entgelt, Vergeltung, Ersatz, Vergütung. „Gelt" gehört zum Verb „gelten", dessen althochdeutscher Vorgänger „geltan" die Bedeutung von entrichten, erstatten, entschädigen, opfern hatte. Der germanische Opferdienst erforderte Abgaben, um die strafenden Götter gnädig zu stimmen, um menschliche Verfehlungen zu sühnen (Vergib uns unsere Schuld) oder um bevorstehende Aufgaben erfolgreich vollbringen zu können. Zu diesem Zweck dienten insbesondere die Opferung der ersten Erntefrucht oder der ersten Tiergeburt.

Als „gelt" war aber auch die Entrichtung des entsprechenden Wertes in Silber gültig. Die Geldgabe zwecks Kompensation im Sinne von Schadensersatz oder Schmerzensgeld oder Heilungspreis machte den Kultort zur Münzbank, den Opferstock zur Sparkasse, den Tempel zur Schatzkammer, den Priester zum Sachverwalter.[14]

Das erste Geld ist also nicht auf dem Marktplatz als säkulares Tauschmittel, sondern im Tempel als heilige Opfergabe entstanden, um symbolisch eine spirituelle Schuld an die Götter abbezahlen zu können. Nicht das Bedürfnis zum Tauschen zwischen Menschen, sondern der Wunsch nach einem Handel mit den Göttern, um Erlass für eine spirituelle Schuld, war der ursprüngliche Anlass zur Schaffung des Geldes gewesen. Der Handel zwischen Menschen war in diesen sakralen Zusammenhang eingebettet.

Im Austausch für das sakrale Symbol, mit dessen Hilfe man die Schuld gegenüber den Göttern ausgleichen konnte, erhielt die Priesterschaft Getreide von den Bauern. Die Priester lagerten das Getreide im Tempel und sicherten auf diese Weise das Überleben der Gemeinschaft im Falle einer Missernte. Der Tempel war zum einen ein rituelles Zentrum, zum anderen auch die Lagerstätte der Weizenvorräte, die in Notzeiten die Priester- und Priesterinnen und die gesamte Gesellschaft ernährten. Der Schekel z. B., eine der ersten Münzen, war eine heilige Bronzemünze der Sumerer aus der Zeit um 3200 vor Chr., die auf der einen Seite eine Weizengarbe und auf der anderen eine Darstellung der damals verehrten Muttergöttin „Inanna/Ischtar" zeigte. Der Schekel war eine Art Quittung für die Abgaben der Bauern an die Tempel der großen Mutter, meistens in Form von Weizen. Im Gegenzug erlaubte das Symbol während der Fruchtbarkeitsfeste eine heilige Wiedervereinigung mit der großen Mutter in ihrem Tempel durch einen Beischlaf mit ihren Stellvertreterinnen. [15]

Die „große Mutter" verbindet Geist und Körper, sie verbindet uns mit der Erde, aus der wir kommen und zu der wir werden. *„Sie ist vor allen Dingen Erde, die dunkle, nährende Mutter, die alles Leben schafft. Sie ist die Macht der Fruchtbarkeit und der Erzeugung, der Mutterleib, aber auch das empfangende Grab, die Herrin des Todes. Alles kommt von ihr, alles kehrt zu ihr zurück. Als Erde ist Sie in Pflanzen, Bäumen, Kräutern und im Korn, das Leben erhält. Sie ist der Körper, und der Körper ist heilig."* [16]

Die Sexualität der Frau war Teil der Schöpfungsmythologie und der Fruchtbarkeit der lebenspendenden Erde. Ursprünglich war die Goldmünze eine sakrale Münze, die den schöpferisch gebärenden und sterbenden Urgrund symbolisierte.

Wie Bernard A. Lietaer in seinem Buch „Mysterium Geld" aufzeigt, sind *„Geld, Sex und Tod deshalb so mächtige Tabus in abendländischen (und patriarchalischen! Anm. d. Verfassers) Gesellschaften geworden, weil sie alle mit dem (unterdrückten; Anm. d. Verfassers) Archetyp der großen Mutter zusammenhängen."*

Mit dem zunehmenden Erstarken des Patriarchates verschob sich die Bedeutung dieses Rituals. Das Ritual der Huldigung der großen Mutter durch sexuelle Vereinigung mit ihren schönen Vertreterinnen wurde zur sexuellen Dienstleistung für Männer herabgewürdigt. Im selben Zuge vermute ich, dass Natur und Materie nicht mehr beseelt waren. Vermutlich verlor auch die Sexualität die Seele, d. h. sie war nicht mehr von der Liebe beseelt und sie sollte nur noch der notwendigen Fortpflanzung dienen. Den Frauen wurde ja sogar abgesprochen, überhaupt eine Seele zu haben. Der Tempel entwickelte sich zum Marktplatz, und die Münzprägung verwandelte sich zu einer Form der profanen Machtausübung. Der Tauschhandel und die Anwendung der Münzen wurden aus dem religiösen Zusammenhang gelöst, ihre rituelle und tiefenpsychologische Bedeutung wanderte ins Unterbewusste und begann dort ihr Unwesen zu treiben. Das Geld wurde profan und säkularisiert, aber es besaß weiterhin seine rituelle und machtvolle Funktion im kollektiven Unbewussten.

Mit der patriarchalen Machtverschiebung änderte sich auch die Bedeutung des Geldes als Symbol für eine Dankesschuld an „die Alma Mater" (nahrungspendende Mutter) und das Materielle überhaupt. Das Symbol verlor seine heilige Aufgabe der Erinnerung und Rückverbindung an die „ewig Gebärende" und wurde stattdessen in den Dienst des männlichen Dominanzprinzips gestellt. Die Kontrolle über das Tauschmittel wurde zum Mittel, um Kontrolle über die Menschen zu erlangen. Somit verschob sich auch der Charakter der „heiligen Münzen" vom Rituellen, Verbindenden und Religiösen zum Profanen und zum weltlichen Herrschaftsmittel.

## Geld im Altertum und im Mittelalter

Im ganzen Altertum und Mittelalter waren es hauptsächlich standardisierte, von Herrschern herausgegebene Gold- und Silbermünzen, die als Tauschmittel benutzt wurden. Daneben existierten auch Kupfer-, Bronze- und Eisenmünzen als „Kleingeld". Weil die Menschen an den inneren Wert dieser nichtoxidierenden Edelmetalle *glaubten*, darum waren sie *die* Metalle, die genügend Akzeptanz besaßen, um als Träger der Information von Kaufkraft zu fungieren.

Da die wirtschaftliche Aktivität einer Gesellschaft von der ausreichenden Versorgung mit einem Tauschmittel abhängig ist, führte damals jeder Mangel an Gold und Silber in eine Wirtschaftskrise, egal, ob der Mangel nun durch Hortung, Abnutzung oder durch die abnehmende Ausbeute der zugänglichen Minen entstanden ist.

Die desperate Suche nach Edelmetallen zur Münzprägung war darum ein wichtiger Anlass für die Eroberung Amerikas. Zarlenga schreibt: *„Kolumbus suchte für Spanien nach einer westlichen Route nach Asien, um am Gold-Silber-Handel mit China und Japan teilnehmen zu können (man erhielt im Osten für die gleiche Silbermenge ca. doppelt so viel Gold wie im Westen, Anm. des Autors). ‚Gold' scheint buchstäblich das erste Wort gewesen zu sein, das zwischen ihm und den Indios fiel."* [17]

Der spanische Eroberer Cortez drückte den Geldmangel treffend so aus: „Es gibt eine Krankheit in unserem Herzen, die nur

Gold kurieren kann." Abgesehen von der wichtigen Frage, ob die gemeinte Herzkrankheit tatsächlich mit Gold geheilt werden konnte, so entstand zumindest eine wirtschaftliche „Krankheit", wenn zu wenig Tauschmittel zur Verfügung standen.

Der fixe Irrglaube, dass nur Gold oder Silber Geld sein kann, war über lange Zeit Anlass von Wirtschaftskrisen, Kriegen, Eroberung und Ausbeutung anderer Völker. Wer die Kontrolle über die Gold- und Silbervorräte hatte, hatte die Kontrolle über die Geldschöpfung. Diese ermöglichte es, Armeen aufzustellen und den eigenen Herrschaftsbereich auszuweiten. Die Kontrolle über die Geldschöpfung war und ist auch heute noch ein primäres Mittel, um Macht zu erlangen und auszuüben.[18]

Es gab aus obigem Grunde grundsätzlich nur zwei Methoden, durch die eine Ausweitung der Geldmenge erreicht werden konnte:

<u>Aufstockung der Edelmetallmenge</u> entweder durch Erschließung neuer Gold- und Silberminen oder durch Krieg und Raub.

Wenn die Gold- und Silberminen im eigenen Herrschaftsbereich erschöpft waren, dann blieb nur noch die Eroberung und Plünderung der Schätze fremder Völker.

Wenn auch diese Möglichkeit bereits ausgeschöpft bzw. zu riskant war, griff man zu einer weiteren Methode:

<u>Streckung des Edelmetallgehaltes</u>:

Man schmolz die alten Münzen ein, streckte den Gold- bzw. Silbergehalt und erzeugte auf diese Weise eine größere Menge neuer Münzen. Zu Beginn erwies sich dieses Verfahren als erfolgreich. Früher oder später erkannten die Händler jedoch den Betrug und bald verlor dieses Geld an Akzeptanz. Obwohl die Geldmenge nominal vergrößert wurde, so war das Geld, besonders im Außenhandel, weniger wert. Nationen, wie z. B. England, die vom Außenhandel besonders abhängig waren, hatten bald Schwierigkeiten, mit ausländischen Nationen Handel zu betreiben. Sie erkannten, dass eine starke Währung, die allseits anerkannt ist, Voraussetzung für die wirtschaftliche Entwicklung einer Nation ist.

## Ein „bemerkenswerter" Fortschritt

Königin Elisabeth von England versuchte darum den umgekehrten Weg zu gehen. Sie ließ alles Geld, dessen sie habhaft werden konnte, einsammeln, schmelzen und prägte eine geringere Menge Silbermünzen mit höherem Silbergehalt. Das Ergebnis war eine Verringerung der Geldmenge, die sogleich zu ernsthaften Stockungen im Handel führte: Ohne Tauschmittel kein Tausch. Die Löhne sanken daraufhin dramatisch, Armut breitete sich aus und der Lebensstandard sank deutlich.

Aufgrund des akuten Mangels an Geld wurde das Verleihen von Geld ein immer wichtigerer Faktor im Wirtschaftsleben. Der Mangel führte, zahlreicher kirchlicher Verbote zum Trotz, zum zunehmenden Verleih von Geld gegen Zinsen, was damals noch Wucher genannt wurde. Geldverleiher oder Wucherer waren in der Bevölkerung verhasst und von der Kirche mit der Exkommunion bedroht. Doch selbst kirchliche Würdenträger überließen ihr Geld den Geldverleihern zur „Verwaltung". Dies vergrößerte nicht die Geldmenge, sondern führte „lediglich" zur Konzentration von Reichtümern und von Macht in den Händen der Geldverleiher.

Im sechzehnten Jahrhundert entwickelte sich aber eine neue, raffiniertere Form des Geldverleihs, die zur Folge hatte, dass eine neue Form des Geldes entstand, die auf Schulden basierte. Die Menschen hinterlegten ihr Gold aus Sicherheitsgründen beim Goldschmied, weil dieser über praktische Kassetten verfügte, die vor Einbruch und Diebstahl schützten, und weil er auch als besonders geeignet galt, den Reinheitsgrad von Gold festzustellen. Und natürlich waren die Einleger auch daran interessiert, für ihr deponiertes Gold Zinsen zu erhalten. Man erhielt vom Goldschmied eine Quittung, die den Besitz des Goldes bestätigte und garantierte, dass das Gold jederzeit gegen Vorweisung der Quittung eingetauscht werden konnte.

„Im Laufe der Zeit fand man es bequemer und sicherer, Zahlungen nur mit den Quittungen zu begleichen. Wenn alle wussten, dass der Goldschmied ein vertrauensvoller Bursche war, warum sollte man dann das Risiko eingehen und das Gold tatsächlich bewegen? So wurden die Quittungen des Goldschmieds Pfänder, für das Versprechen zu zahlen. Und wann immer jemand den Geldschein als Zahlung akzeptierte, schloss er implizit einen Kreditvertrag mit dem Goldschmied."[19]

Wenn andere Leute nun vom Goldschmied das Gold leihen wollten, das bei ihm deponiert war, dann beließen sie aus denselben Gründen ebenfalls das „geliehene" Gold gleich beim Goldschmied und akzeptierten stattdessen eine Quittung des Goldschmieds als Darlehen. Sowohl der Schuldner als auch der Gläubiger des Goldschmiedes konnten die Quittungen als Zahlungsmittel an andere Personen weiterreichen. Wer auch immer eine Quittung erhielt, konnte damit zum Goldschmied gehen und die Auszahlung einer bestimmten Goldmenge verlangen. Oberflächlich betrachtet hat keine Vermehrung von Geld stattgefunden, es wurde nur eine praktische Methode angewandt, um das Gold zu hantieren. Wenn jedoch *eine* Quittung auf das eingezahlte Gold ausgestellt wurde und eine *andere* für das Darlehen auf das eingezahlte Gold, dann waren am Ende *zwei* Quittungen für *dieselbe* Goldmenge in Umlauf. Es hat de facto eine Verdoppelung des Zahlungsmittels stattgefunden.

Die Goldschmiede waren nur deshalb in der Lage, diese Situation auszunutzen, weil sie herausfanden, dass ihre Schuldscheine über lange Zeiträume zirkulierten und mit abnehmender Häufigkeit eingelöst wurden. Sie entdeckten schließlich, dass sie weit mehr Quittungen ausstellen und dafür Zinsen verlangen konnten, als Deckung durch gelagertes Gold bestand. Sie mussten nur die Häufigkeit berechnen, mit der ihre Kunden, seien es nun Einleger oder Darlehensnehmer, ihre Quittungen wieder gegen Gold eintauschen wollten.

Der Goldschmied konnte nicht nur eine Quittung dem Einleger und eine weitere einem Darlehensnehmer ausstellen, sondern er konnte Quittungen gleich an *mehrere* Darlehensnehmer ausstellen und dafür Zinsen verlangen. Diese Quittungen begannen nun als Zahlungsmittel zu zirkulieren und vermehrten dadurch die Geldmenge tatsächlich erheblich, denn die Quittungen der Goldschmiede wurden als eine neue Form des Geldes allgemein akzeptiert. Weil jeder Besitzer einer Quittung *im Glauben* lebte, dass er sie jederzeit gegen Gold eintauschen könne, akzeptierte er sie als Zahlungsmittel. Und als Zahlungsmittel kann, wie schon gesagt, im Grunde alles dienen, solange es nur die allgemeine Akzeptanz genießt.

Natürlich konnten nicht alle, die eine Quittung besaßen, gleichzeitig zur Bank gehen und sie gegen Gold eintauschen. Falls dies geschah, konnten Goldschmiede und Banken nicht zahlen, erlitten einen Vertrauensverlust und gingen Bankrott.

Der Goldschmied würde in dem Falle, dass zu viele gleichzeitig das Versprechen auf Zahlung von Gold eingelöst haben wollten, versuchen, liquide zu bleiben, indem er seine Darlehen einforderte und verlangte, dass sie in Gold zurückgezahlt werden. Angenommen der Fall, er hatte Schuldscheine im Wert von 100 Talern ausgegeben und die aktuellen Besitzer dieser Noten wollten das versprochene Gold eingelöst haben, dann hatte er gleichzeitig Forderungen über die gleiche Summe an seine Schuldner, die ursprünglich die Schuldscheine von ihm „geliehen" hatten. Da er darüber hinaus für seine Noten Zinsen verlangte, besaß er voraussichtlich weit größere Forderungen an seine Schuldner als Schulden an seine Gläubiger. Die Summe des ausgegebenen Geldes war durch eine noch größere Summe Schuld abgesichert.

Der Goldschmied war somit in der Lage, für die Darlehen, die er de facto aus dem Nichts geschaffen hatte, von seinen getäuschten Schuldnern wirkliches Gold zurückzuverlangen, um seine eigenen Gläubiger zu befriedigen. Obwohl sich der Banker also in eine riskante Situation brachte, wenn er Quittungen für Gold ausstellte, das er nicht besaß, so waren seine ungedeckten Versprechungen dennoch immer durch größere Schuldforderungen abgedeckt, die er eintreiben konnte.

Das „Darlehen" des Bankers war, kraft des Darlehensvertrages, mit dem Eigentum des Schuldners abgesichert. Der Goldschmied bzw. späterhin die Bank konnte das Eigentum seiner Schuldner an sich reißen, wenn diese ihre „irrtümlich" erworbene Schuld nicht in Gold zurückzahlen konnten und es verkaufen, um genügend liquide Mittel zu erwerben, um seine Gläubiger ausbezahlen zu können.[20] Auf diese Weise war der Goldschmied in der Regel in der Lage, das Vertrauen in seine Zahlungsfähigkeit aufrechtzuerhalten und den Schwindel der Geldschöpfung vor der Allgemeinheit zu verbergen.

Das neue Schuldgeld war also im Grunde ein Betrug. Dennoch hatte dieser Betrug den absurden Verdienst, dass dadurch die Geldmenge erheblich vergrößert werden konnte. Die Wirtschaftstätigkeit wurde von der Begrenzung, die das Gold- und Silbergeld schuf, befreit. In der Folge konnte eine vollkommen neue, expansive Phase der wirtschaftlichen Entwicklung eingeleitet werden. Nur wenige Jahrzehnte nach der Gründung der Bank of England im Jahre 1698 kam die industrielle Revolution, von England ausgehend, in Fahrt.

Das neue System bedeutete eine Revolution. Es war eine Machtverschiebung vom Erbadel zum Geldadel. Aus den Goldschmieden wurden respektable und mächtige Banken, die vom Staat das Recht der Geldschöpfung übernahmen, Zentralbanken bildeten und nun die Geschicke des Staates maßgeblich steuerten.

## Die Entstehung der Bank von England

*„Die Bank of England ist in jeder Hinsicht für das Geld, was der Petersdom für den christlichen Glauben darstellt. Und der Ruf ist wohlverdient, denn der größte Teil der Kunst des Umgangs mit Geld, einschließlich ihrer geheimnisvollen Elemente, nahm von hier seinen Ausgang."*

*John Kenneth Galbraith* [21]

Im siebzehnten Jahrhundert wurde, wie erwähnt, der Mangel an metallischem Geld immer ernsthafter. Die Königshäuser waren an die Geldverleiher wegen ihrer vielen Kriege hoch verschuldet. Die Staatseinnahmen des englischen Königshauses z. B. konnten durch weitere Steuereintreibungen nicht mehr gesteigert werden und König William hatte enorme Schwierigkeiten, seine Armee zu finanzieren.

Daher empfahl 1682 ein gewisser Sir William Petty Folgendes:

*„What a remedy is there if we have too little money? Answer: We must erect a Bank, which well computed, doth almost double the effect of our coined money: And we have in England Materials for a Bank which shall furnish Stock enough to drive the Trade of the whole Commercial World."*

Bedrängt von seiner Finanznot, beauftragte König William 1698 die Gründung der Bank of England. William Patterson, ein bekannter Banker, versprach, die Regierung mit Gold aus seinen Bankreserven und mit Banknoten zu versorgen, falls er dafür der einzige Finanzier des Staatshaushaltes werde.[22]

In den Statuten der Bank von England steht folgender aufschlussreicher Satz:

*„The bank hath benefit of interest on all monies which it creates out of nothing.“*

Dieser Deal zwischen Kapital und Staat wurde mit der Zeit in nahezu allen Staaten durchgeführt:

Lietaer schreibt: *„Nachdem der Nationalstaat die maßgebliche Macht geworden war, schlossen die Regierungen und das Bankensystem einen Handel ab. Das Bankensystem erhielt das Recht, Geld als ‚gesetzliches Zahlungsmittel‘ in Umlauf zu bringen, und im Gegenzug verpflichtete es sich, jederzeit finanzielle Mittel in der von der Regierung benötigten Höhe zur Verfügung zu stellen.“* [23]

*„Eine Zentralbank nimmt jede Staatsanleihe, die die Öffentlichkeit nicht kauft, entgegen und stellt im Gegenzug einen Scheck über die entsprechende Summe aus. Der Scheck deckt die Ausgaben der Regierung, und die Empfänger lösen sie auf ihren eigenen Bankkonten ein.“* [24]

Nun hatten die Bankiers das Monopol zur Schaffung von Geld regierungsamtlich in ihrer Hand und wurden vom Staat mit der notwendigen, vertrauenschaffenden Legitimität ausgerüstet, die für die Schöpfung von „Schein“-Geld so eine entscheidende Rolle spielt. Seitdem sind unsere Regierungen in steigendem Maße gegenüber dem Bankensystem verschuldet und in die Abhängigkeit der großen Bankiers geraten. Geld wird heute unter der Aufsicht der Zentralbanken von den Geschäftsbanken als Schuld emittiert. Wann immer ein Staat Kriege führen oder andere Unternehmungen finanzieren will, braucht er Geld und er bekommt es, wenn er sich bei den Bankiers verschuldet.

Jedem wird sofort klar, dass ein solches Geldsystem eine effektive Kontrolle der Politik jeder Regierung erlaubt. Wer am

Geldhahn sitzt, der hat bekanntlich das Sagen. Es bedarf darum keiner Konspirationstheorie, um aus den tatsächlichen Machtverhältnissen die Erkenntnis zu gewinnen, dass unser modernes Schuldgeld den Bankiers die Kontrolle über das wirtschaftliche und politische Leben der Gesellschaft verschafft. Unsere Demokratien sind folglich nur Verwaltungsorgane einer Plutokratie, deren enorme und weithin unbekannte Macht zu unserem Erstaunen nur auf einer Schuldanerkennung beruht, die keinen inneren Wert hat.

## Das Ende des Goldfußes und die weltweite Einführung von Fiat-Währungen

Das Prinzip der Geldschöpfung durch Kreditvergabe ist bis heute im Prinzip das gleiche geblieben. Nur die Notwendigkeit zu einer Mindestreserve an Gold wurde neuerlich aufgegeben, da mittlerweile von jedermann der Kredit einer Bank als Zahlungsmittel akzeptiert wird. Die Goldreserve diente nur als Krücke während einer Übergangszeit, in der die Akzeptanz des Schuldgeldes als Zahlungsmittel im gesellschaftlichen Bewusstsein verankert wurde.

Das Bankensystem hielt am Grundsatz einer Mindestreserve an Gold noch bis zum Jahre 1971 fest. Es war durch das „Bretton- Woods-Abkommen" aus dem Jahre 1944 festgelegt worden, dass alle anderen wichtigen Währungen den Dollar als Valutareserve benutzen und ihren Kurs an den Dollar binden. Die amerikanische Regierung wiederum versprach, dass der Dollar auf Wunsch gegen Gold eingetauscht werden könne.

Das System funktionierte zwei Jahrzehnte lang gut, bis Europa und Japan große Handelsbilanzüberschüsse gegenüber den USA erzielten, und sich die USA im verlustreichen Vietnamkrieg engagierten. Das Vertrauen in den Dollar schwand, und Frankreich und andere Staaten begannen, Gold für ihre Exportgewinne zu verlangen. Um ihre schnell schwindenden Goldreserven zu schützen, beschloss die USA unter Präsident Nixon 1971, den Goldstandard aufzugeben und zu einem System frei fließender Währungen überzugehen.

Dieser Schritt verstärkte die Position des Dollars und der USA erheblich. Von nun an war die Geldschöpfung des Dollars nicht mehr an die Begrenzungen gebunden, denen er durch den Goldfuß im „Bretton-Woods-Abkommen" unterworfen war. Im Prinzip war die USA von da an von der Notwendigkeit befreit, ihre Handelsbilanz auszugleichen. Die USA waren und sind nunmehr das einzige Land in der Welt, das praktisch genommen ohne Begrenzungen die Ressourcen der übrigen Welt abschöpfen kann, indem sie einfach ihre eigene Währung emittiert.[25]

Nachdem die Opec ihren Ölpreis 1973 um 400 % erhöhte und der amerikanische Außenminister Henry Kissinger die Opec 1975 „überredete", ihr Öl nur noch gegen Dollar zu verkaufen, war die ganze Welt in konstantem Bedarf nach Dollar. Somit war der Wert des Dollars auch nach der Abschaffung des Goldstandards gesichert.

Der Dollar ist seit 1971 ein Versprechen der US-Regierung – einen *anderen* Dollar zu zahlen. Seitdem sind alle modernen Währungen ungedecktes „Fiat-Geld". „Fiat Lux" oder „es werde Licht" waren nach der Genesis die ersten Worte Gottes. Und auf dieselbe magische und göttliche Weise wird durch Kreditvergabe ein Tauschmittel „aus dem Nichts", d. h. kraft des machtvollen Wortes einer staatlich legitimierten Autorität, erschaffen.

Schuldbasiertes Geld ist heute weltweit das Fundament unserer globalisierten Ökonomie. Der Anteil des von den Banken erzeugten Schuldgeldes an der gesamten Geldmenge belief sich für Nationen wie Frankreich, England und Amerika im 18. Jahrhundert noch auf 40 %, Mitte des 19. Jahrhunderts stieg der Anteil bereits auf ca. 60 %, heute beträgt der Anteil Schuldgeld an der Ökonomie 90–97 %.[26] Die restlichen 3 % sind Münzen und Scheine. [27]

Die Entwicklung ging von Geld auf der Grundlage von Waren, häufig in Form von Edelmetallen, über zu Geld auf der Grundlage eines Kredits oder Bankdarlehens. Und so ist es bis heute geblieben.[28]

## Das schuldbasierte Geldsystem der modernen Welt

*„The process by which banks create money is so simple that the mind is repelled."*

*John Kenneth Galbraith[29]*

*„Das Akzeptieren von Schuldgeld impliziert die Bereitschaft, das geschriebene oder gedruckte Wort anderer als Nennwert anzuerkennen."*
[30]

*Henry Clay Lindgren*

*„Das Geheimnis bei der Schaffung von Geld besteht darin, die Menschen dazu zu bringen, dass sie die Aussage ‚Ich schulde dir etwas' (das Versprechen, in der Zukunft zu zahlen) als Tauschmittel akzeptieren. Wer immer diesen Trick beherrscht, kann aus dem Vorgang ein Einkommen ziehen (im Mittelalter die Gebühren des Goldschmieds, heute die Zinsen auf die Darlehen, aus denen Geld entsteht)."*

*B. A. Lietaer*

Aus unserem gewonnenen tieferen Verständnis erscheinen nun die Worte von Alan Greenspan zur Geschichte des Geldes in einem klareren Licht:

*„Many millennia later, in one of the remarkable advances in fi-
nancial history, the bank note emerged as a medium of exchange. It
has no intrinsic value. It was rather a promise to pay on demand, a
certain quantity of gold or other valued commodity. The bank note's
value rested on the trust in the willingness and ability of the bank
note issuer to meet that promise. Reputation for trustworthiness,
accordingly, became an economic value to banks – the early issuers
of private paper currency."* [31]

Wie wir gesehen haben, beruht das moderne Schuldgeldsys-
tem grundsätzlich auf der Täuschung unseres Bewusstseins. Es
wurde als staatlich sanktionierter Betrug am Bürger geboren.
Wohl aus diesem Grunde spricht Alan Greenspan von einem
*„bemerkenswerten* Fortschritt" in der Geschichte des Geldes. Das
Zauberkunststück der modernen Geldschöpfung ist in der Tat
höchst erstaunlich, da es im Grunde durch ein vorgetäuschtes
Schuldverhältnis entsteht.

Sowohl das antike Geld in Form von Gold- und Silbermünzen als auch das moderne Fiat-Geld werden wertvoll aufgrund
kollektiver unbewusster Projektionen. Waren die Münzen aber
noch Symbole des Göttlichen bzw. des Herrschers, so war die
Erfindung des modernen Fiat-Geldes wortwörtlich der Versuch,
aus dem Vertrauen in die Bank Kapital zu schlagen. Die Menschen wurden raffiniert zur Anerkennung einer Schuld herein-
gelegt, die keinen innewohnenden Wert hatte.

Die gesamte nach dieser „Neuerung" folgende wirtschaftliche
und zivilisatorische Entwicklung muss im Lichte eines Geldes
betrachtet werden, das durch die kollektive Anerkennung einer
irrtümlichen Schuld „gezaubert" wurde. Wie schon erwähnt,
so hatte dieser Betrug unter anderem einen „positiven" Effekt:
Er erhöhte die Geldmenge und erlaubte die erstaunliche und
machtvolle Entwicklung des Kapitalismus.

Doch diese Macht war immer sehr empfindlich von der Anerkennung unserer Schulden abhängig. Der Betrug durfte niemals in seiner ganzen Breite zu Bewusstsein kommen, da ein Glaubensverlust verheerende Auswirkungen gehabt hätte. Darum dauerte es auch bis zum Jahre 1971, bis das letzte Feigenblatt, der Goldzinsfuß des Dollars, fallen gelassen wurde. Heute wäre für alle Neugierigen unzweifelhaft erkennbar, dass Geld keinen innewohnenden Wert hat. Es bekommt diesen Wert erst durch unseren gemeinsamen *Glauben* an unsere Schuld *verliehen*. Nur durch diesen gemeinsamen Glauben ist es möglich, das heutige Schuldgeld zu erschaffen.

Wir können nun mit John Ruskin sagen, dass „alles Geld, und was so genannt wird, eine Anerkennung von Schuld" ist. Wir *glauben* nur, wir leihen mit Geld etwas Wertvolles. In Wahrheit ist es umgekehrt. Geld ist wertleer und unser *Glauben an unsere Schuld* macht es wertvoll. Durch die Täuschung findet eine unbewusste Übertragung statt. Diese Sinnesverwirrung ist Grundlage der heutigen wirtschaftlichen „Wirklichkeit". Diese Sinnestäuschung ist das absurde Paradigma unserer Wirtschaft. Die Verirrung einer pervertierten Schuldanerkennung wurde zur Basis moderner Machtausübung und Grundlage der modernen, kapitalistischen Gesellschaftsordnung.

### Zifferngeld

Im Unterschied zu den weiter oben beschriebenen Anfängen des Bankensystems wird das Schuldgeld heute von den Banken nur noch als elektronisches Buchgeld geschaffen. Wir haben zudem jederzeit die Möglichkeit, unser Buchgeld in bare Münzen oder Scheine umzuwandeln.

Bargeld dient heute meistens nur noch als Zahlungsmittel bei kleineren Geschäften. Größere Summen mit sich herumzutragen, ist riskant und unpraktisch. Wir heben es vom Bankautomaten ab, bezahlen im Geschäft und das Geschäft zahlt es, so bald wie möglich, wieder auf eine Bank ein. Niemand benutzt Bargeld noch zur Wertlagerung und versteckt es in der Matratze.

Die mit Abstand größten und meisten Zahlungen geschehen darum direkt durch elektronische Umbuchungen von einem Bankkonto auf ein anderes und haben keine physische Realität mehr. Auch unsere täglichen Einkäufe werden in zunehmendem Maße mit Hilfe unserer Kreditkarten durchgeführt. Bargeld wird kaum noch benutzt und einige Staaten haben bereits ausgereifte Pläne, es gänzlich abzuschaffen. Professor Joseph Huber meinte in einem Interview, dass wir die Zeit, da Geld eine physische Ware ist, endgültig hinter uns gelassen haben: „Geld ist heute nur noch Information – Information von Kaufkraft."[32]

Wie schon früher beschrieben, so war Geld bereits zu allen Zeiten Information von Kaufkraft und wurde nur über die meiste Zeit unglücklicherweise mit dem Träger identifiziert. Der reine Informationsaspekt des Geldes ist durch die steigende Bedeutung des „elektronischen" Geldes nur immer deutlicher hervorgetreten. Es ist offenbar so, als ob sich das Wesen des Geldes immer deutlicher als rein abstrakter, „dokumentierter Anspruch an die volkswirtschaftliche Leistung"[33] und somit als Anspruch an unsere Leistungskraft herauskristallisiert.

Kontoeinlagen machen darum heute den größten Teil der Geldmenge aus, obwohl als Geld, im streng gesetzlichen Sinne, heute immer noch nur Geldscheine und Münzen gelten. Womit wir aber letztlich bezahlen, ist die *Information* von Kaufkraft, die durch die Geldscheine und Münzen nur *symbolisiert* wird. Und diese spezielle Information wird vor allem von den Banken durch Kreditvergabe „geschaffen", was heute ca. 97 % der Geldmenge entspricht. Professor Huber konstatiert: „Die Banken geben eine Art Parallelwährung heraus, bezeichnet mit der offiziellen Währung der Zentralbank."[34]

Die Ziffern, die auf unseren Girokonten von den Geschäfts-banken durch Kreditvergabe „geschaffen" werden, haben die-selbe Kaufkraft wie die Geldscheine und -münzen, die von der Zentralbank in den Kreislauf geschleust werden. Es ist leicht erkennbar, dass es sehr einfach sein muss, solch ein „Zifferngeld" durch Buchungen auf unseren Konten zu „schöpfen".

## Geldschöpfung als Pyramidenprozess

Die meisten Menschen glauben, wenn sie Geld auf der Bank leihen, dass sie das Geld von anderen leihen. In Wirklichkeit aber *kreiert* die Bank neues Geld.

Michael Rowbotham schreibt*: "If a bank makes a loan, nothing is lent, for the simple reason that there is nothing of substance to lend. The bank simply makes what it terms a "loan" against the amount of money deposited with it at any time. That is all done with the utmost ease. The bank has simply to agree that a person may take out a loan of, say, £5000. The person taking out the loan can spend £5000 and, hey presto, £5000 of new number-money has been created. It is as simple as that.*

*… Nobody else's spending power has been reduced, £5000 of new spending power has been created; £5000 of new number-money en-ters the economy at the stroke of a bank manager's pen, but £5000 of debt has also been created."* [35]

Das Geld, das von einer Bank verliehen wird, wird ja nicht von einem anderen Einleger abgezogen. Niemand hat bisher einen Brief von seiner Bank mit dem Hinweis erhalten, dass sein Konto geräumt wurde, weil die Bank sein Geld gerade brauchte, um es an jemand anderen auszuleihen. Das Geld, das ein Kre-ditnehmer erhält, ist daher *zusätzlich geschaffenes* Geld.

Der Umstand, der uns *glauben* lässt, dass wir das Geld eines anderen ausleihen, ist der, dass die Bank verpflichtet ist, nicht mehr zu verleihen, als sie Einlagen hat. In Bankkreisen wird dies *Refinanzierung* genannt. Die Bank braucht also *Einlagen*, um ein Darlehen vergeben zu können, genauso wie sie früher die Goldeinlagen brauchte, um den Anschein zu erwecken, dass ihre Banknoten mit etwas Wertvollem gedeckt seien.

Dieser Umstand, dass die Banken von einer Geldeinlage abhängig sind, um ein Darlehen geben zu können, erzeugt den Anschein, als ob Banken Geld nicht schaffen, sondern nur einsammeln und weiterverleihen. Ihre Funktion wird daher offiziell als Kapitalsammelstelle definiert. Ihr „bescheidener" Verdienst besteht lediglich in der Vermittlermarge zwischen dem Zins, den man dem Einleger verspricht und dem Zins, den man vom Darlehensnehmer erhält. Das ist die Rolle der Banken, wie sie von der Allgemeinheit wahrgenommen wird. Sie erscheint logisch und plausibel.

Wie Rowbotham schreibt, wird diese ganze Argumentationslinie, warum Banken *kein* neues Geld erzeugen und es „nur" verleihen, jedoch ziemlich schnell irrelevant, wenn wir uns anschauen, was passiert, *nachdem* ein Darlehen „verliehen" wurde:

Für gewöhnlich nimmt man ein Darlehen auf, weil man etwas kaufen möchte, wie z. B. ein Haus, ein Auto oder ein Unternehmen. Wer auch immer ein Darlehen aufnimmt, wird das Geld benutzen, um jemand anderen damit zu bezahlen, der seinerseits das erhaltene Geld bei einer Bank einzahlt. Auf diese Weise erhält das Bankensystem das Geld, das aus einem Darlehen entstand und das eine Bank gegen eine Einlage abgesichert hatte (Refinanzierung), als *zusätzliche* Einlage zurück.

Die erneute Einlage erlaubt es dem Bankensystem wiederum, neues *zusätzliches* Geld als Darlehen zu erzeugen, weil es eine neue Summe zur Refinanzierung erhalten hat. Usw.

Die Gesamtsumme der Einlagen in das gesamte Bankensystem ist um dieselbe Höhe wie die Verschuldung gewachsen.

Jede Auszahlung des Bankensystems ist zugleich eine Einzahlung.

Henry Clay Lindgren schreibt, *„dass Banken und andere Geld-institute buchstäblich Geld durch einen ‚Pyramidenprozess‘ schaffen, bei dem Darlehen, die in ihren Büchern geführt werden, als Ak-tiva gelten, die als Sicherheit für weitere Darlehen genutzt werden können, die ihrerseits zu Aktivposten werden. Jedes Darlehen, das eine Bank gewährt, führt dem Finanzsystem Geld zu. Die Menge an Schuldgeld, die auf diese Weise geschaffen wird, übersteigt die tatsächliche Menge an Bargeld, das sich in Umlauf befindet, zu jedem beliebigen Zeitpunkt.“* [36]

### Die Alchemie des Geldes

Lietaer beschreibt den Prozess der Geldschöpfung folgender-maßen: *„Die Alchemie des modernen Geldes (oder mit der of-fiziellen Bezeichnung der ‚Geldmengenmultiplikator‘) beginnt damit, dass, sagen wir 100 Millionen ‚Zentralbankgeld‘ in das Bankensystem eingeschossen werden, z. B. weil die Zentralbank Rechnungen der Regierung in dieser Höhe begleichen muss. Diese Mittel werden schließlich von den Empfängern irgendwo im Ban-kensystem hinterlegt, und das ermöglicht der Bank, die eine solche Einlage erhalten hat, irgendjemandem ein Darlehen über 90 Mil-lionen zu geben (die restlichen 10 Millionen werden ‚stillgelegte Mittel‘). Das Darlehen über 90 Millionen wird wiederum eine Einlage in entsprechender Höhe erbringen, damit ist die nächste Bank in der Lage, ein weiteres Darlehen über 81 Millionen zu vergeben – usw.*

*Auf diese Weise können auf dem Weg durch das Bankensystem aus den ursprünglichen 100 Millionen der Zentralbank 900 Millionen als ‚Kreditgeld‘ entstehen.“* [37]

Die Banken verleihen also nicht das Geld der Einleger, wie gemeinhin angenommen wird, sondern benutzen die Einlage *nur als Legitimation*, um *neues Geld* in Form eines Kredites zu schöpfen. Ich wiederhole: Weit davon entfernt, das Geld ihrer Einleger zu verleihen, kreieren Banken Geld und benutzen das Geld, das sie früher kreiert haben, als Berechtigung, um noch mehr Geld zu erzeugen.

Dies zu verstehen, ist entscheidend! An dieser Stelle entsteht die Illusion der Geldschöpfung und somit die Illusion, in der die Gesellschaft lebt.

Die Erkenntnis dieser Tatsache wirft die gängige Vorstellung, woher Geld kommt, was es ist und welche Aufgabe die Banken haben, über den Haufen. Außerdem erklärt es eine ganze Menge eigentümlicher Verhältnisse in unserer Gesellschaft, auf die ich noch eingehen werde.

Rowbotham schreibt dazu: *"Modern money is unsubstantial; it is entirely abstract, and quite empty of meaning. This spiral of loans built upon loans is the so-called "money supply", by which the money stock in Britain has been increased from £14 billion to £680 billion in just thirty years. This empty spiral of numbers based upon numbers is the heart of the financial system upon which economies throughout the entire world are built."* [38]


## Eine raffinierte Sinnestäuschung

Banken sind davon abhängig, dass Kapitalbesitzer Einlagen machen und diese Einlagen über eine bestimmte Laufzeit binden, damit sie ein Darlehen über dieselbe Summe mit höchstens derselben Laufzeit vergeben können. Dies erweckt allgemein den Eindruck, wie erwähnt, als ob wir das Geld der Einleger ausleihen, wo es die Bank doch nur als Legitimation braucht, um neues zu erschaffen.

Der Einleger verzichtet darauf, eine bestimmte Summe Kauf-kraft über eine bestimmte Laufzeit nicht zu benutzen (verliert sie aber nicht!) und erhält dafür Kapitalzinsen von Personen, die eine *neu geschaffene* Summe Kaufkraft über dieselbe Höhe und über dieselbe Laufzeit geliehen haben und dafür Schuldzinsen zahlen.

Es ist diese Abhängigkeit der Zinszahlungen zwischen Kre-ditnehmer und Einleger, die den Eindruck bestärkt, als würden die Banken das Geld der Einleger ausleihen.

Es ist jedoch, wie bei jeder Sinnestäuschung, genau umge-kehrt, als es erscheint: Die Banken können den Kapitaleigentü-mern nur so viel Zinsen versprechen, wie sie Schuldabnehmer finden, die bereit und in der Lage sind, die geforderten Zinsen zuzüglich Bankmarge zu erwirtschaften. Die Abhängigkeiten sind also genau umgekehrt: Die Banken brauchen die Kredit-nehmer, um den Kapitalbesitzern die versprochenen Zinsen zah-len zu können und nicht – wie allgemein angenommen – die Kapitalbesitzer, um Schulden für den Kreditnehmer kreieren zu können.

Die Banken brauchen mithin die Kapitalbesitzer, um die Schuldner in die Illusion zu versetzen, dass sie für geliehenes, also *wirkliches*, statt für kreiertes Geld arbeiten. Und die Kapi-talbesitzer brauchen die Banken zur Administration der Zins-leistungen, mit deren Hilfe sie ihr Kapital akkumulieren. Und beide brauchen wiederum den Schuldabnehmer, der bereit ist, die Zinszahlungen zu leisten, von denen beide profitieren.

### Die gläubigen Schuldner

*„Der erste Zaubertrick beim Geld besteht darin, uns vorzugaukeln, wir bräuchten die Hilfe des Zauberers, damit Geld entsteht."*

*Bernard A. Lietaer*

Wenn wir also einen Kredit aufnehmen, dann leihen wir nicht das Geld eines anderen, sondern akzeptieren eine Schuld, die aus dem Nichts geschaffen wurde. Es ist unsere Akzeptanz der Schuld, die die Ziffern auf unserem Konto zu Geld macht. Der eigentliche Schöpfungsakt des Geldes besteht darum im Darlehensvertrag zwischen Bank und Schuldner.

Geld repräsentiert das Versprechen des Schuldners an die Bank, seinen Besitz und seine zukünftige Wirtschaftskraft an die Bank zu verpfänden. Als „Gegenleistung" erhält er eine bestimmte Menge gesetzlich anerkanntes Zahlungsmittel, das die Bank buchstäblich aus dem Nichts erschaffen hat.

Wenn wir zur Bank gehen, um Geld zu „leihen", gleicht dies einem Gang zum Priester. Wir beichten dem Banker unsere Lebenssituation, und er beurteilt unsere Festigkeit im Glauben an die Dogmen der Geldreligion.

Wenn wir vertrauenswürdig unsere Bereitschaft und unsere Fähigkeit beweisen können, dass wir die auf uns genommene Schuld plus Zinstribut abarbeiten werden, dann werden wir für schuld„würdig" befunden. Wenn wir opferwillig unsere „Schuldhaft" auf uns nehmen, dann schreibt der Bank„priester" einige frisch „geschöpfte" magische Ziffern auf unser Konto, die Kaufkraft symbolisieren. Als Schuld„würdige" sind wir nun Eingeweihte der Bruderschaft des Geldes und dürfen dann beim gemeinsamen Geldspiel mitspielen. Wer nicht schuldwürdig ist, d. h. wer nicht glaubhaft machen kann, dass er zwei- bis dreimal mehr zurückzahlen wird, als er bekommen hat, bekommt keine Coupons fürs Geldspiel.

Unser heutiges Währungssystem zwingt uns also dazu, uns kollektiv zu verschulden, damit wir die Mittel erhalten, die Austausch zwischen uns ermöglichen. Weil aber Schuld ein Opfer fordert, darum ist Schuldgeld ein Leistungsversprechen. Das heißt, dass wir zuerst ein Leistungsversprechen abgeben müssen, um die Mittel zu erhalten, die Austausch von Leistungen zwischen uns ermöglichen. Geld fordert ein Opfer, damit es seine Funktion als Tauschmittel zur Verfügung stellt. Das Tauschmittel, das – laut gängigem nationalökonomischen Dogma – ein *neutraler* Vermittler für unsere frei geschaffenen Leistungen sein sollte, ist somit bei näherer Betrachtung *Herr* über unsere Leistungen. Da die Geldschöpfung das Monopol der Herrschaft ist, kann sie dieses Opfer verlangen. Geld ist daher in keinster Weise neutral, sondern ein Mittel der Macht, um mit Hilfe der Magie kollektiver Projektionen über die Leistungen der Gläubigen verfügen zu können.

Letztlich ist es unser Opfer- bzw. Leistungswille gegenüber einer imaginierten Schuld, die unser Schuldgeld (und die Macht) kreiert.

Somit ist Geld heute noch immer das magische und sakrale Opfersymbol, als das es schon von Anfang an vor über 5000 Jahren geschaffen wurde.

## Das Absurde an der Geldschöpfung

Der Vorgang, wie Banken „Zifferngeld" durch Kreditvergabe erzeugen, ist sehr einfach, so einfach, dass „der Verstand sich abgestoßen fühlt", wie John Kenneth Galbraith es einmal ausdrückte. Der Prozess ist deswegen für unseren Verstand „abstoßend" und für die meisten in den Schleier einer Verwirrung gehüllt, weil er im Grunde paradox, d. h. selbstbezüglich und selbstbestätigend ist. Der Geldschöpfungsvorgang ist darum ein Affront gegen die Logik; der Verstand wird schlichtweg verwirrt – und das ist die Absicht.

Die Schuld gilt als Geld, das eine Einzahlung wird, die als Berechtigung gilt, um eine neue Schuld zu vergeben, um neues Geld zu schaffen, das eine neue Einzahlung wird, die als Berechtigung gilt, um eine neue Schuld zu vergeben, das ... Kurz: Eine

Schuld gilt als Voraussetzung und Besicherung für eine weitere Schuld. Die Schulden rechtfertigen und bestätigen ihre eigene Existenz. Der ganze Prozess der Geldschöpfung ist eine positiv rückgekoppelte Schuldvergabe; er ist absurd, wuchernd und von der realen Wirklichkeit völlig abgekoppelt.

Kein Wunder also, dass die meisten Menschen vor so viel Absurdität kapitulieren, sich selbst für zu dumm halten, um Geld zu verstehen und dann vor dem Geld und der Welt, die es erzeugt, einen Kotau machen. Wir lassen uns beherrschen von einer Logik, *weil* wir nicht verstehen können, dass sie zutiefst unlogisch und paradox ist. Was wir verstehen müssen, ist die paradoxe und irrationale Natur der Geldschöpfung. Die Verwirrung ist erwünscht, denn nur so kann ein Magier den Geist seines Publikums kontrollieren.

Wer also geglaubt hat, dass das existierende Geldsystem auf Vernunft gebaut ist, wird mehr als abgestoßen sein, wenn er die Illusion in ihrer Tiefe erkennt. Er wird vermutlich sogar schockiert sein. Die erste Reaktion auf die Erkenntnis der illusionären Natur unseres goldenen Gefängnisses ist darum oftmals Zurückweisung. Man empfindet die Erkenntnis als so abstoßend und ungeheuerlich, dass man sich ihr verweigert: Man möchte lieber nicht wissen, dass man zum Narren gehalten wird. Doch wer nicht wissen will, dass er genarrt wird, der narrt sich selbst doppelt.

## Wer besitzt das Geld?

Da die Banken das Schuldgeld kreieren, so besitzen sie es auch. Folglich besitzen sie die Vermögensansprüche, die mit der Vergabe von Krediten verbunden sind, insbesondere an die Sicherheiten, die ein Darlehensnehmer der Bank überlassen muss, um „kreditwürdig" zu sein. Da die meisten Gebäude und Unternehmen mit Schulden belastet sind, kann man mit Fug und

Recht behaupten, dass es in Wahrheit die Banken sind, die die Gebäude und Unternehmen besitzen.

Die Banken besitzen aber ebenso Anspruch auf die zukünftigen Einkommen von Privatpersonen, Unternehmen oder Staaten, wenn diese ein Darlehen aufnehmen. Darum ist der, der sich verschuldet, nicht frei: Er verkauft seine Zukunft: Er oder sie hat sich verpflichtet, seine Lebenszeit der Rückzahlung einer Schuld zu widmen, die „aus dem Nichts" geschaffen wurde. In diesem Sinne haben die Banken nicht nur Ansprüche auf unseren Besitz, sondern auch auf unsere Lebenszeit. Sollten wir das nicht besser als eine raffinierte Form der Sklaverei bezeichnen?

Die Tatsache, dass die Banken auf alles Geld, das sie schöpfen, einen Besitzanspruch hegen, geht schon daraus hervor, dass sie es zurückhaben wollen. Das Geld also, das wir auf unseren Konten haben und von dem wir ausgehen, dass es uns gehört, wurde ursprünglich von irgendjemandem oder von irgendeiner Institution bei einer Bank gegen das Versprechen geliehen, es inklusive Zinsen wieder *zurück*zuzahlen. Diese „Schuld" ist nun auf unserem Konto in Form von einem dokumentierten Leistungsanspruch an die Volkswirtschaft gelandet. Der allgemeine Rückzahlungs- und Besitzanspruch der Banken über alles in Umlauf gebrachte Geld bleibt aber bestehen.

Aus diesem Grunde kann behauptet werden, dass die Banken auf die ca. 97 % der Geldmenge, die sie durch Kreditvergabe schöpfen, einen Eigentumsanspruch haben. Somit besitzen die Banken einen Anspruch in derselben Höhe auf die Vermögenswerte einer Nation.

Der englische Geldreformer C. H. Douglas schrieb in den 30er Jahren:

*„The essence of the fraud is the claim that the money they create is their own money, and the fraud differs in no respect in quality but only in its far greater magnitude, from the fraud of counterfeiting …*

*May I make this point clear beyond all doubt? It is the claim to the ownership of money which is the core of the matter. Any person or organisation who can create, practically at will, sums of money equivalent to the price values of the goods produced by the community is the virtual owner of these goods, and, therefore, the claim of the banking system to the ownership of the money which it creates is a claim to the ownership of the country.“*

*C. H. Douglas* [39]


## Schuldbasierte Macht

*„Permit me to issue and control the money of a nation and I care not who makes its laws.“ Mayer Amsel Rothschild* [40]

*„Until the control and issue of money and credit is restored to the government and recognized as its most conspicuous and sacred responsibility, all talk of the sovereignty of Parliament and Democracy is idle and futile.“ Mackenzie King, Prime Minister of Canada in 1935* [41]

*„History records that the money changers have used every form of abuse, deceit, and violent means possible to maintain their control over governments by controlling money and its issuance.“US-President Madison*

*„The few who can understand the system will either be so interested in its profits, or so dependent on its favours, that there will be no opposition from that class, while, on the other hand, that great body of people mentally incapable of comprehending the tremendous advantage that Capital derives from the system, will bear its burden without complaint and, perhaps, without even suspecting that the system is inimical to their interests.“ extract from a letter from the house of Rothschild to its New York agents* [42]

Seitdem der Großteil der Menschheit nicht mehr selbstversorgend ist, sind wir auf Gedeih und Verderb auf ein funktionierendes Tauschmittel angewiesen.

Da dieses heute fast ausschließlich durch die Vergabe von Bankkrediten geschaffen wird, so bedeutet das, dass die Wirtschaftstätigkeit auf den stetigen Fluss neuer Kredite angewiesen ist.

Wir sind darum vollkommen von den Banken abhängig. Wenn die Banken die Wirtschaft mit Geld durch Kreditvergabe versorgen, dann geht es uns gut, wenn nicht, dann hungern wir. Wer die Schöpfung von Geld in seinen Händen hat, der hat die unangefochtene Kontrolle über die Gesellschaft. Die Geldschöpfung war und ist darum immer das Primat des Souveräns der Gesellschaft gewesen. Wenn eine demokratisch gewählte Regierung die Schöpfung des allgemeinen Zahlungsmittels in private Hände vergibt, dann hat sie ihre Aufgabe als Interessenvertretung des Volkes veruntreut.

Lord Josiah Stamp, ehemaliger Direktor der Bank von England (Er musste es wissen!), warnte uns kurz vor seinem Tode 1940 eindrücklich:

*„The modern banking system manufactures money out of nothing. The process is perhaps the most astounding piece of sleight of hands that was ever invented. Banking was conceived in iniquity and born in sin. Bankers own the earth; take it away from them, but leave them with the power to create credit, and with the stroke of a pen they will create enough money to buy it all back again. Take this power away from them and all great fortunes like mine will disappear, and they ought to disappear, for then this world would be a happier and better world to live in. But if you want to be slaves of the bankers, and pay the costs of your own slavery, then let the bankers control money and control credit."* [43]

# Kap. III
# Zinsen, Wucher und Wachstumszwang

*(Jesus sprach:)*
*„Wenn ihr Geld habt, leiht nicht gegen Zins,*
*sondern setzt es dort ein,*
*wo ihr keinen Ertrag (oder nichts) zurückbekommt.“*
                                       *Thomasevangelium, Satz 95*

D ie Absurdität unseres Geldsystems wird potenziert, wenn jeder aus dem Nichts geschaffenen Schuldsumme noch eine Zinsforderung hinzugefügt wird. Denn wie sollen wir Zinsen bezahlen können, wenn nicht mit zusätzlichem Geld, also mit noch mehr Schulden, was aber logischerweise weitere Zinsforderungen verursacht, die uns wiederum dazu nötigen, NOCH größere Schulden aufzunehmen …?

Da Schulden immer mit Zinsen gekoppelt sind, ist die Summe aller Schuld*forderungen* automatisch *immer* größer, als Geld vorhanden *sein kann*. Noch einmal: Die Menge aller Schuldforderungen, d. h. Schulden <u>plus Zinsen</u>, ist *automatisch immer größer* als die gesamte Geldmenge.

Kurz: Zinsen erzeugen aus zwingender mathematischer Logik einen ewigen Mangel an Geld bzw. sie verursachen einen allgemeinen Zwang zu exponentiell steigender Verschuldung.

Es ist dieser eingebaute ewige Mangel, der den imaginären Wert des Schuldgeldes konstant hoch hält. Solange die Nachfrage automatisch immer größer sein *muss*, als das Angebot sein *kann*, solange ist Geld etwas wert. Ein ewiger Mangel, der nur solange camoufliert werden kann, wie die Banken neue Schulden vergeben und somit neues Geld bzw. weitere Zinslasten der Wirtschaft zuführen. Geld, das nur zurückgezahlt werden kann, solange die Wirtschaft expandiert. Aus diesem Grunde verkrampft sich die Wirtschaft in einen Zwang zu ewigem Wachstum.

Zinsen machen die Verschuldung zu einem zwanghaften wirtschaftlichen Muster und lassen die Leistungsansprüche an die Volkswirtschaft, d. h. an die Menschheit, ins Unendliche wachsen. Zinsen machen uns also nach Geld bzw. nach Schulden krankhaft süchtig. Je mehr Schulden wir aufnehmen, desto höher müssen wir uns verschulden. Es entsteht ein Teufelskreis wuchernder Leistungsansprüche, der mit mathematischer Zwangsläufigkeit zu einem Forderungskollaps gegenüber Menschheit und Natur führen muss.

Die Befriedigung der wuchernden Schuldforderungen hält uns so beschäftigt, dass wir keine Gelegenheit finden, um zu hinterfragen, was die aus dem Nichts geschaffenen Leistungsforderungen aus unserem Leben eigentlich machen: einen hoffnungslosen K(r)ampf.

Wiederum entdecken wir die positiv rückgekoppelte, selbstbestätigende Natur unseres heutigen Geldes. Die Leistungsschuld legitimiert sich nicht nur selbst, sie ist durch den Zins zu einem unendlichen Wachstum programmiert. Kein Wunder, dass die gesamte Weltgemeinschaft von einer lawinenartig wuchernden Forderungslast erdrückt wird.

Man fragt sich, an wen ist die ganze Menschheit eigentlich verschuldet? Wer hat diesen Unsinn in Szene gesetzt? Und wer akzeptiert und legitimiert ihn auf diese Weise?

Durch die allgemeine Akzeptanz dieses Systems zwingen wir uns dazu, ein Leben im Dienste einer ewigen Schuld zu führen. Wir strengen uns bei dem Versuch, ihre unendlichen und letztlich unmöglichen Leistungsanforderungen zu erfüllen, hoffnungslos an. Wie wir sehen, so wächst die Absurdität der schuldbasierten Geldschöpfung durch den Zins zu einem gigantischen, globalen Wahnsinn heran. Man wagt kaum, das Ausmaß dieser irrsinnigen Selbstversklavung zu erfassen. Das Verrückteste an diesem Wahnsinn ist die Tatsache, dass er die selbstverständlichste Ordnung unserer Tage ist. Nur wenige Menschen, keine einzige Partei, geschweige denn irgendein Staat, stellt ihn in Frage.

Unsere heutige Zeit hält so viel von sich selbst aufgrund ihrer „rationalen" und „wissenschaftlichen" Weltsicht und schenkt sich selbst gerne den Glauben, alles mit Vernunft unter Kontrolle zu haben. Sie ist aber blind für den größten anzunehmenden irrationalen Unfug, der ihr Leben in eine Schuldsklaverei verwandelt hat: ihr Geld.

Es gibt, mit anderen Worten, in der Welt, in der wir leben, nicht den geringsten Anlass, Hoffnungen auf eine Verbesserung unserer Situation zu hegen. Wir sind hoffnungslos verschuldet, und es *kann* nur noch schlimmer werden. Es gibt für dieses Geldsystem langfristig nur eine Aussicht: den totalen Forderungszusammenbruch und damit den Zusammenbruch unserer Währungen.

Die soziale Krise, die dann entsteht, weil das bisherige Tauschmittel plötzlich nicht mehr funktioniert, ist aber gänzlich unnötig. Das benutzte Geld war immer nur unsere illusionäre Schuld, nur ein unbewusstes und dysfunktionales gesellschaftliches Übereinkommen. Alles, was zur Lösung nötig wäre, ist die Einführung eines funktionalen Geldsystems, von dem bereits ausgereifte, konkrete Vorschläge und positive historische Erfahrungen existieren.[44]

Wenn unser Bewusstsein und unsere Führer aber noch nicht vorbereitet sind, dann wird der Zusammenbruch unserer Geldsysteme, wie so oft in der Vergangenheit, wieder zu Panik, Hungersnöten, sozialem Chaos, dem Zusammenbruch der gesellschaftlichen Ordnung und zu Krieg führen.

Es besteht aber auch die reale Möglichkeit, aus der Geschichte zu lernen, und ganz bewusst eine funktionale Währung einzuführen. Wir können heute schon ganz bewusst einen sozial und ökologisch nachhaltigen Wohlstand für alle erschaffen. Diese Möglichkeit liegt in greifbarer Nähe und ist in keiner Weise eine Utopie. Angesichts der zunehmenden sozialen und ökologischen Krise, in der wir uns global befinden, ist eine solche Veränderung dringend notwendig.

## Wertvoll durch Mangel

Damit das Vertrauen erhalten bleibt, dass man mit Geld etwas Wertvolles erhalten habe, muss es einen natürlichen Mangel geben. Der Wert einer Währung bemisst sich nämlich an dem Verhältnis der Geldmenge zur gesamten Wirtschaftsleistung eines Währungsgebietes. Gibt es zu viel Geld im Verhältnis zur Wirtschaftsleistung, dann verliert das Geld an Wert (Inflation), gibt es zu wenig, dann verlieren die Waren an Wert (Deflation). Beides sind unerwünschte Erscheinungen. Eine gesunde Geldpolitik versucht darum, die Geldmenge im Verhältnis zur Wirtschaftskraft einigermaßen im Gleichgewicht zu halten.

Zu den Zeiten, da Geld gleich Gold war, wurde die Geldmenge auf natürliche Weise durch die Menge Gold begrenzt, die aus dem Erdreich gewonnen werden konnte. Es hat sich für die Entwicklung einer Wirtschaft jedoch als Hemmnis erwiesen, den Bedarf ihres Zahlungsmittels von dem natürlichen Vorkommen eines bestimmten Metalls oder eines anderen begrenzten Stoffes abhängig zu machen. Aus diesem Grunde ist der Übergang vom Metallgeld zu Papiergeld ein Segen für die Wirtschaft und Voraussetzung für die umfassende wirtschaftliche Entwicklung der letzten 300 Jahre gewesen.

Von dem Zeitpunkt an, als unser Zahlungsmittel im Prinzip unbegrenzt erzeugt werden konnte, wurde es notwendig, dass die Geldmenge künstlich begrenzt wird. Diese Aufgabe erfüllen heute die Zentralbanken. Sie steuern die Geldschöpfung durch die Beeinflussung der Geschäftsbanken bei ihrer Vergabe von Krediten. Die Zentralbank setzt die Zinsen für Darlehen an die Geschäftsbanken herauf oder herab und dies wiederum beeinflusst die Darlehenszinsen der Geschäftsbanken gegenüber ihrer Klientel. Auf diese Weise wird die Kreditnachfrage begünstigt oder gedrosselt. Somit vergrößert oder verringert sich auch die Geldmenge.

Da die Banken jedoch auch untereinander Geldhandel betreiben, sind sie im Grunde mit zunehmender Geldmenge immer mehr der Einflussnahme der Zentralbanken entzogen. Je weniger die Geschäftsbanken von der Zentralbank abhängig sind, desto stumpfer werden die Waffen der Zentralbank, um die Geldmenge zu regulieren. Prof. Joseph Huber konstatiert: *„Die Kontrolle über die Geldmenge ist verloren gegangen. Es sind die privaten Banken, die die Geldschöpfung kontrollieren. Aber man kann das kaum als Kontrolle bezeichnen. Sie agieren individuell und prozyklisch mit der Konjunktur. Der einzig begrenzende Faktor für die großen Banken ist, dass sie genügend kreditwürdige Darlehensnehmer finden."* [45]

Dass das Geld, trotz der relativ freien Möglichkeiten der Geschäftsbanken, Geld durch Kredite zu schaffen, nicht schon längst wertlos wurde, beruht auf der schon genannten speziellen Konstruktion des schuldbasierten Geldsystems. Da alles Geld als eine Schuld mit Zinsforderungen geschaffen wird, also mit einer impliziten Forderung nach noch mehr Geld, gibt es *niemals genügend* Geld. Der ewige Mangel an Geld, der durch Zinsen entsteht, macht das Schuldgeld dauerhaft zu einer Mangelware, also zu etwas Wertvollem, da stete Nachfrage herrscht.

Dieser systemimmanente Mangel durch Zinsen ist also notwendig, um einen Wertverlust des Geldes zu vermeiden. Die Problematik liegt nun darin, dass Zinsen eine permanente Ausweitung der Schulden und damit der Geldmenge erzwingen. Mit anderen Worten: Das System funktioniert nur durch die permanente Steigerung der Leistungsanforderungen an alle. Ewiges Wirtschaftswachstum ist darum Voraussetzung, um das herrschende Geldsystem am Leben zu erhalten. Es funktioniert im Prinzip wie ein Pyramidenspiel, bei dem am Ende alle irgendwann unter den exponentiell gewachsenen Leistungsverpflichtungen zusammenbrechen müssen.

### Die Konzentration von Reichtum

Nehmen wir einmal an, Sie gehen zur Bank und überweisen 10 000 Euro auf ein Sparkonto. Der Bankberater lächelt Sie an und erklärt Ihnen, dass nun das Geld für Sie „arbeitet". Er erklärt Ihnen, dass, wenn Sie das Geld über einen Zeitraum von 50 Jahren zum Zins von 6 % anlegen würden, Sie durch den Zinseszins-Effekt nach 50 Jahren über 17-mal mehr Geld auf Ihrem Konto besitzen würden als heute, also die stattliche Summe von 184 000 Euro. Wenn Sie den Zuwachstakt einer Zinseszinstabelle untersuchen (vielleicht hat Ihr Taschenkalender eine), dann werden Sie feststellen, dass sich Ihr Geldvermögen in immer schnellerem Tempo verdoppelt. Man nennt diese Art von Zuwachs exponentiell, d. h. rein mathematisch wächst Ihr Vermögen tendenziell in die Unendlichkeit. Erfreut über diese traumhaften Zuwachsraten, würden Sie sich dennoch fragen, wer sie denn erbringt. Selbstverständlich hat noch niemand Geld wachsen gesehen. Was der Bankmann Ihnen natürlich nicht gerne sagt, ist, dass die allgemeine Verschuldung ebenfalls exponentiell wachsen muss, da Geld und Schulden ja zwei Seiten derselben Medaille sind.

Wer schafft diese traumhaften Reichtümer nun heran? Sind das nur die, die Schulden aufnehmen oder sind wir es alle? Es ist ja so, dass alle Unternehmen, Kommunen, Staaten und Organisationen ihre Kapitalkosten auf ihre Preise bzw. auf die

Steuern umlegen müssen. Vom Rohstoffproduzenten bis zum Händler um die Ecke schlagen alle ihre Zinskosten auf den Preis ihrer Ware bzw. ihres Dienstes. Letztendlich bezahlen wir als Endkonsumenten die Zinsen der gesamten Produktions- und Vertriebskette. Es gibt Schätzungen, die von einem Zinskostenanteil von durchschnittlich 30–40 % in den Preisen ausgehen.

Selbst wenn Sie also ein Geldvermögen auf der Bank haben und ein Zinseinkommen daraus beziehen, so bezahlen Sie wahrscheinlich über die in den Preisen versteckten Zinsen insgesamt mehr, als Sie empfangen. Es ist eigentlich nur eine kleine Schicht von Kapitalbesitzern der oberen 10 % der Bevölkerung, die mehr Zinseinkommen als -ausgaben hat. D. h. vom Rest der Bevölkerung findet ein permanenter und zunehmender Kapitaltransfer auf diese 10 % der Bevölkerung statt, von denen wiederum 1 % den mit großem Abstand am meisten Begünstigten darstellen.

Der Effekt dieses Umverteilungssystems ist, dass die Reichen automatisch immer reicher und die Armen immer ärmer und zahlreicher werden. Es kommt zu einer sich beschleunigenden Akkumulation von Geld bzw. von Schuldansprüchen in den Händen von immer wenigeren. Dieser Akkumulationsprozess gewann in den vergangenen Jahren zunehmend an Fahrt: „Das oberste 1 % der amerikanischen Bevölkerung besitzt heute größeren persönlichen Reichtum als die unteren 92 % zusammen."[46] Laut UNO besitzen ca. 400 Milliardäre mehr, als die gesamte ärmere Hälfte der Weltbevölkerung in einem Jahr verdient.

Wir verstehen, warum die großen Religionen den Zins verurteilt haben. Der Zins hat zu allen Zeiten schwere soziale Krisen hervorgerufen, da er den Reichtum vieler in den Händen von wenigen akkumulierte. Die Ausrufung regelmäßiger „Jubeljahre", bei denen alle Schulden erlassen wurden, waren darum früher feste Rituale der Herrscher, um das Wohl der Gesellschaft und die Loyalität ihrer Untertanen zu gewährleisten.

Heute spüren wir den weltweit galoppierenden Umverteilungsprozess durch den zunehmenden Stress in einem sich verhärtenden Verteilungskampf. Die Staaten versuchen die Konzentration von Reichtum durch Vermögens- und Einkommensbesteuerung mehr oder weniger zurückzuverteilen. Da der Zins aber die Verschuldung und damit die Umverteilung exponentiell ansteigen lässt, sind die Rückverteilungsmaßnahmen der Staaten zunehmend wirkungsloser. Als unausweichliche Folge zerfällt das soziale Gefüge der Gesellschaften, was sie scheinbar unaufhaltsam in ein soziales Chaos versinken lässt, in dem nur noch das Gesetz des Reicheren und damit Stärkeren gilt. Als Folge der zunehmenden Verschuldung wird in einem unsinnigen und verzweifelten Akt überall gespart, und zeitgleich werden die Leistungsforderungen hinaufgeschraubt. Dennoch sinken die Realeinkommen, während Kapitalbesitzer immer größere Gewinne verbuchen dürfen.

## Die Entfesselung eines Verteilungskampfes

Wie bereits erwähnt, wird durch das Zinsnehmen ein Teufelskreis wuchernder Verschuldung in Gang gesetzt. Natürlich möchte keiner Schulden machen, um seine Zinsen zu bezahlen. Jedem Kaufmann leuchtet sofort ein, dass dies automatisch zum Bankrott führen muss (eine Ausnahme bilden offenbar die Volkswirtschaftler, denn auf der volkswirtschaftlichen Ebene ist dies die „normale" Ordnung). Aus diesem Grunde versucht jeder, genügend Geld zu verdienen, um seine Schulden plus Zinsen an die Banken zurückzahlen zu können. Keiner möchte schließlich mehr Kapitalkosten haben, als er verdient. Dies kann aber nicht allen gelingen.

Da aufgrund der absurden Natur unseres Geldsystems immer zu wenig Geld vorhanden ist, um alle Schuldforderungen bedienen zu können, sind wir gezwungen, um das vorhandene Geld in einen Verteilungskampf alle gegen alle einzutreten. Die einzige Chance, um Schulden *und* Zinsen zahlen zu können, ist die, dass einige Bankrott gehen und ihre Anfangsschuld verlieren.

Bernard A. Lietaer: *„Wenn die Bank Geld schöpft, indem sie Ihnen einen Hypothekenkredit über 100 000 Euro zur Verfügung stellt, schafft sie mit dem Kredit nur das Ausgangskapital. Sie erwartet nämlich, dass Sie im Laufe der nächsten, sagen wir einmal, 20 Jahre 200 000 Euro zurückbringen. Wenn Sie das nicht können, sind Sie Ihr Haus los. Ihre Bank schafft nicht die Zinsen, sondern sie schickt Sie hinaus in die Welt in den Kampf gegen alle anderen, damit Sie am Schluss die zweiten 100 000 Euro mitbringen. Weil alle andern Banken das gleiche tun, verlangt das System, dass einige Beteiligten Bankrott gehen, denn anders kommen Sie nicht zu den zweiten 100 000 Euro. Um es auf eine einfache Formel zu bringen: Wenn Sie der Bank Zinsen auf ihr Darlehen zahlen, brauchen Sie das Ausgangskapital von jemand anderem auf. Mit anderen Worten: Der Mechanismus, mit dem die für die Giralgeldschöpfung unverzichtbare Knappheit erzeugt wird, bedingt, dass die Menschen miteinander um das Geld konkurrieren, das noch nicht geschaffen wurde, und bestraft sie im Falle des Misserfolgs mit dem Bankrott."* [47]

*„Zusammenfassend halten wir fest, dass das moderne Währungssystem uns dazu zwingt, uns kollektiv zu verschulden und mit anderen in der Gemeinschaft zu konkurrieren, damit wir die Mittel erhalten, die Austausch zwischen uns ermöglichen."* [48]

Zinsen garantieren also den Wert des aus dem Nichts geschaffenen Schuldgeldes und inszenieren gleichzeitig einen Verteilungskampf innerhalb der Währungsgemeinschaften. Die Illusion des Schuldgeldes kann somit nur zum Preis eines Verteilungskrieges aufrechterhalten werden! Der Glaube an seinen Wert fordert Kriege, fordert Verlierer und Opfer. Die Herrschaft des Schuldgeldes muss darum in Menschenleben gerechnet werden.

Man könnte somit behaupten, dass die Geldreligion, in der wir leben, Menschenopfer fordert, damit der Glaube an ihre Wirklichkeit aufrechterhalten werden kann. Klingt das nicht archaisch und zugleich sehr bekannt? Sollten wir nicht lieber von einer pseudo-rationalen Barbarei und einer Herrschaft durch Angst sprechen?

### Die Illusion des Mangels und die Herrschaft der Angst

Mithin erzeugt der immanente Mangel an Geld in unserem Geldsystem die Illusion, dass das Leben ein rücksichtsloser Konkurrenzkampf um das Überleben sei. Es erzeugt eine Weltgemeinschaft, in der jeder gegen jeden um das Geld kämpft.

Wenn wir genauer hinsehen, so handelt der Verteilungskampf nicht um zu knappe Güter, sondern um zu knappes Geld, um die Güter kaufen zu können. Wir erleben den Mythos vom „Kampf ums Überleben" selbst in den entwickelten Ländern, obwohl wir von nie da gewesenem Überfluss umgeben sind und eine noch nie da gewesene Produktivität erreicht haben. Doch trotzdem leben die Menschen in den reichen, „entwickelten" Ländern in Angst vor Mangel. Sie wissen, dass sie ohne Geld hungern müssen, und die Angst vor Geldmangel sitzt allen stets im Genick.

Essen gäbe es ja genug: es wird sogar welches vernichtet, um die für die Rückzahlung der Schulden berechneten Preise genügend hoch halten zu können. Die erlebte Angst vor dem Mangel ist von daher ein kollektiver Mythos und durch das herrschende Geldsystem im Grunde künstlich erzeugt. Wenn aber das Geldsystem wie ein Naturgesetz akzeptiert wird, dann gilt auch der Mangel, den es erzeugt, als naturgegeben.

Woran es jedoch wirklich mangelt, ist ein funktionales Tauschmittel, das den Austausch auf gerechte Weise fördert und dadurch nachhaltigen Wohlstand für alle ermöglicht. Das Zinsgeld verweigert aber seinen Dienst dem gemeinschaftlichen Wohl, denn es ist so konstruiert, dass es sich bei den Wenigen akkumuliert.

Die Angst *vor* dem Mangel erzeugt einen Mangel *in uns*. Wer in Angst lebt, kann nicht in Liebe sein. Er erlebt dadurch den Mangel, das Vertrauen in das Leben verloren zu haben. Auf diese Weise wird der Verteilungskampf, den das Schuldgeld im Außen erzeugt, zur verinnerlichten Herrschaft der Angst und zu einer spirituellen Dauerkrise der Gesellschaft.

In einer Gesellschaft, in welcher eine chronische Existenzangst herrscht, wachsen unweigerlich Kräfte heran, die ihre Überlebensängste auf Kosten anderer „sanieren" wollen. Ihre Angst entwirft dann eine Ideologie, die die rücksichtslose Verdrängung von anderen als „gesund" und notwendig verklärt. Im Verteilungskampf sehen sich die Menschen gezwungen, ihr Herz, ihr Mitgefühl und d. h. ihr Menschsein zu verraten. Menschen werden Zyniker und glauben, „das Leben" oder „die Realität" verlange dies von ihnen.


## Faschistoide Ideologie

Der künstlich entfachte Verteilungskrieg unterwirft uns der Logik des Krieges: Wenn ich nicht rücksichtslos bin, dann werde ich rücksichtslos verdrängt. Wenn mein Unternehmen nicht seine Gewinninteressen durchsetzt, dann werden andere ihre gegen uns durchsetzen, und wir verlieren unsere Existenz. Entweder fressen oder gefressen werden.

Aus diesem Grunde werden wir gezwungen, menschliche Qualitäten wie Mitgefühl und Nächstenliebe in uns zu unterdrücken, weil sie im globalen Verteilungskrieg Schwächen sind, die vom Gegner ausgenützt werden.

„Schwach" sein im Sinne weiblicher Stärken, wie fürsorglich, pflegend und mitfühlend zu sein, ist in einer männlich dominierten Konkurrenz- und Kampfkultur eine wahre Todsünde. Das zinsbasierte Schuldgeld hat darum den Effekt, dass es sogenannte „männliche" Eigenschaften belohnt und „weibliche" bestraft.

Ich möchte behaupten, dass die sozialdarwinistische Gesinnung, die der Verteilungskampf in unseren Gesellschaften erzwingt, eine zunehmend faschistoide Grundströmung erzeugt. Faschistoide Strömungen treten im Kapitalismus periodisch an die Oberfläche, je mehr sich der Verteilungskampf in einer Akkumulationsphase zuspitzt und die soziale Ordnung in der Gesellschaft in die Krise gerät. Je mehr Menschen marginalisiert werden, desto desperater und radikaler werden sie. Und bald stehen sie sich voller Angst gegenüber und bekämpfen sich, weil sie glauben, dass es nicht anders gehe, um überleben zu können. Im Grunde ist aber die Herrschaft der Angst über ihren Geist nur die Herrschaft einer Illusion.

## Die ökologische Frage: Wachstum um jeden Preis?

Derselbe Mechanismus des Schuldgeldes, der zum Verteilungskampf zwischen den Marktteilnehmern wird, führt auch den Zwang zum Wirtschaftswachstum herbei: Die Summe aller volkswirtschaftlichen Leistungen, die durch die Geldmenge repräsentiert sind, sind wegen des Zinses immer kleiner als die Leistungs*forderungen* der Gesamtschuld. Auf allem Geld ruht daher durch den Zins ein Befehl zu exponentiellem, d. h. unmöglichem Wirtschaftswachstum.

Da Schulden Leistungsforderungen sind, werden wir durch deren Wuchern auch zu einem Wuchern der Wirtschaftsleistung gezwungen.

Dadurch initiiert dieses Geldsystem ein unmögliches Wirtschaftssystem, denn ein ewiges Wachstum ist auf einem begrenzten Planeten unmöglich. Jeder Versuch, eine sozial oder ökologisch nachhaltige Wirtschaft zu konstruieren, muss darum an diesem unhaltbaren Geldsystem scheitern. Es führt die Gesellschaft in eine Schuldsklaverei: Der Druck zur Leistungssteigerung lastet unaufhörlich auf der globalen Wirtschaftsgemeinschaft und nimmt kontinuierlich zu, ohne jede Hoffnung auf Erlösung.

Das Absurde an der Sache wiederum ist, dass, je mehr wir uns bemühen, die Schuld zu begleichen, desto größer wird sie. Das System gleicht einer Zwickmühle. Jeder Politiker und Wirtschaftsexperte wiederholt darum das Mantra des Systems: Wachstum, Wachstum, Wachstum. Wachstum ist das Gebet der Gläubigen, denn es soll sie von der Schuld erlösen. Wer's glaubt, wird selig. Ihr hehrer Glaube ist leider ein Selbstbetrug. Längst haben die meisten begriffen, dass diese Losung irgendwann ein Ende hat. Die Ressourcen der Erde sind begrenzt. So simpel ist die systemerschütternde Wahrheit.

Eine Stagnation des Wirtschaftswachstums aber gefährdet die Rückzahlung der Gesamtschulden (Ausgangsschuld + Zins) und führt dazu, dass die Schuldforderungen nicht befriedigt werden können, Insolvenzen eintreten und dann das ganze Kartenhaus der schuldbasierten Währungen ins Wackeln gerät.

Die Zinsforderungen an die Gesellschaft nehmen am Ende aber trotz rücksichtsloser Mühen immer schneller zu, als die Wirtschaftsleistung gesteigert werden kann. Der Gesellschaft fällt es immer schwerer, die Forderungen der Schuldgeber zu erfüllen. Die Folgen sind, trotz hoher Produktivität, ein Sinken der Reallöhne, Einschnitte ins soziale Netz, Herabsetzen der Umweltstandards, Ausverkauf des Staatsbesitzes usw. Die Einkommen der Kapitalbesitzer und der Banken nehmen hingegen umgekehrt parallel zur Verschuldung immer schneller zu.

## Sklaven unserer Illusionen

Der Kollaps der Volkswirtschaften, wie er z. B. in Argentinien, Russland oder Südostasien geschehen ist, war der Kollaps der Währungen, hervorgerufen durch einen Zusammenbruch unerfüllbarer Schuldforderungen. Die Arbeitskräfte, die Nachfrage, die Rohstoffe, die Fabriken – alles war noch vorhanden. Was zerstört wurde, war nur das Vertrauen in die Fähigkeit der Menschen, die akkumulierten Schulden zurückzahlen zu können. Es gibt aber in diesem Geldsystem nicht den geringsten Anlass, Vertrauen in diese Möglichkeit zu haben. Von uns wird gefordert, dass wir Vertrauen in unsere Fähigkeit haben sollen, eine mathematisch und praktisch unerfüllbare Leistungsforderung erbringen zu können.

Man mag nicht richtig wissen, ob dies ein Anlass zum Lachen oder Heulen ist: Aber all das Leiden der Menschen, das durch solche Währungskrisen hervorgerufen wird, ist vollkommen sinnlos, denn eigentlich ist nichts von Substanz geschehen. Menschenleben hängen davon ab, wenn im Cyberspace Bits und Bytes herumsausen und aus dem Nichts geschaffene „Informationen von Leistungsansprüchen an die Volkswirtschaft" ausgetauscht werden. Wir tun tatsächlich so, als ob niemand mehr etwas leisten *kann*, sobald die „Informationen" sich in andere Erdteile per Mausklick verflüchtigt haben. Plötzlich stehen alle Räder still, keiner produziert mehr, weil nichts mehr verkauft und gekauft wird, alles nur, weil die notwendigen „Informationen von Kaufkraft" verschwunden sind und sich leider, leider lukrativere Gläubige ausgesucht haben.

Ganze Kontinente gedeihen oder verelenden so per Mausklick. Dieses System ist so vollkommen akzeptiert, dass nur Kinder und Narren es wagen, sich über des Kaisers Kleider Gedanken zu machen.

## Die Machtfrage: die politische und geistige Gleichschaltung unter das Diktat des Wachstums

*„The modern theory of the perpetuation of debt has drenched the earth with blood, and crushed its inhabitants under burdens ever accumulating."*

US-Präsident Jefferson

Unter dem Eindruck des bisher Gesagten möchte ich die Worte von Viviane Forrester zitieren:

*„Dieses System regiert nicht, es verachtet – besser, es ignoriert, was und wen es zu regieren hätte. Die klassischen Instanzen und politischen Aufgaben sind in seinen Augen zweitrangig, sie interessieren es nicht: Im Gegenteil, sie würden es nur stören, würden es vor allem der allgemeinen Aufmerksamkeit aussetzen und damit zu einer Zielscheibe werden lassen. Damit würde es möglich, seine Machenschaften aufzuspüren, es als Ursache und Motor weltweiter Dramen zu erkennen, in deren Zusammenhang nicht genannt zu werden, diesem System gerade gelungen ist; denn wenn es auch die eigentliche Führung des Planeten übernommen hat, so überträgt es doch den einzelnen Regierungen die Durchführung dessen, wofür es steht. Und was die jeweilige Bevölkerung angeht, so nimmt es diese nur manchmal wahr, nur dann, wenn sie sich empört, wenn es ihre Zurückhaltung, jenes ungebrochene Schweigen aufgibt, das ihr vermeintlich zukommt.*

*Es geht diesem System nicht darum, eine Gesellschaft zu organisieren und in diesem Sinne Machtstrukturen zu schaffen, sondern darum, eine fixe Idee zu verwirklichen: die Obsession, dem widerstandslosen Spiel des Profits den Weg zu bahnen – und zwar dem Spiel eines immer abstrakteren, immer virtuelleren Profits. Die Obsession zuzusehen, wie der Planet zu einem Spielfeld ausschließlich einer Triebkraft wird, die zwar menschlich ist, von der man aber nicht gedacht hatte, dass sie zum einzigen herrschenden Element, zum Endziel des erdumspannenden Abenteuers werden sollte – zu-*

*mindest sieht es danach aus: dem Gefallen am Anhäufen, dieser*
*neurotischen Gewinnsucht, dieser Verlockung des Profits, des puren*
*Gewinns, der eine Bereitschaft zu allen Verheerungen weckt und*
*das gesamte Territorium unter seine Herrschaft bringt oder besser:*
*den gesamtem, nicht nur geographisch definierten Raum." [49]*

Eine Welt eingelullt in die Logik ihres Währungssystems ist wie in Trance; sie vollführt dessen irrsinnigen Auftrag, ohne zu gewahren, warum sie es tut. Es ist einfach so. Die „Wirklichkeit" will es einfach so. Jeder „realitätstüchtige" Politiker verspricht Gesundung der Staatsfinanzen und Erlösung von der ewigen Geldnot durch weiteres Wachstum. Wachstum muss sein – um jeden Preis. Auch alle klugen und betriebsblinden Ökonomen kommen, wie sie es auch drehen und wenden, immer zu demselben Schluss.

Alle Maßnahmen, ob von linken oder rechten Regierungen, handeln doch nur von den unterschiedlichen Strategien, wie der ewigen Forderung des Kapitals am besten gedient werden kann.

So verkommt die Demokratie, diese Hoffnung auf Selbstbestimmung und Freiheit der Menschen, zu einer Farce, zu einem bloßen Instrument der Forderungen des Geldes. Die Menschen haben das falsche Spiel der Demokratie schon längst durchschaut. Immer weniger gehen zu den Wahlurnen: „Es spielt gar keine Rolle, wer gewählt wird, der Markt regiert ja sowieso", sagte ein hoher Bankmann im Fernsehen selbstsicher nach einer Wahl, nachdem er gefragt wurde, ob er über den Wahlerfolg der sozialistischen Partei beunruhigt sei.

Über so viel Ehrlichkeit sind wir dankbar, denn sie ist rar. Die Politiker trachten danach, uns den Eindruck zu vermitteln, dass, würden sie gewählt, sie etwas zum Besseren verändern könnten. Doch wenn sie die ersehnte Macht erhalten, dann verwandeln sie sich doch nur zu Verwaltern des Kapitals, zu Managern eines unmöglichen Forderungssystems, das über alle Kritik erhaben ist. So gutwillig sie auch sein mögen, so sind sie doch Gefangene einer verrückten Weltsicht, die sie, genauso wie der kleine Mann auf der Straße, nicht wahrnehmen.

Es ist, als ob wir unter einer Käseglocke lebten und vergessen haben, wie unsere „Wirklichkeit" entsteht, dass wir sie selbst durch unsere Projektionen und Überzeugungen erschaffen. Wir blicken wie ein verängstigtes Häschen auf die Schlange namens „Geld". Die Machtfrage, um die es hier geht, ist im Grunde die Frage einer Illusion, die unseren Geist in einem Zustand der Trance gefangen hält. Die Meister der Macht sind die Meister einer Illusion, die „keinen innewohnenden Wert" hat. Die Macht wurde nur durch eine irrtümliche Schuldanerkennung *geliehen*. Die Macht des Geldes ist nur eine Religion der Schuld, eine „Matrix", eine Scheinwirklichkeit und auf raffinierte Weise ein unsichtbares Gefängnis für den menschlichen Geist.


## Verschuldetes Paradies

So sehr wir uns selbst ausbeuten und uns in den Dienst der Schulden bzw. des Geldes stellen; so sehr wir die Wälder, die Wiesen, die Luft, die Erde, die Meere, den Himmel und die Tiere ausbeuten und dabei unseren Lebensraum und den unserer Kinder zerstören – unser Opfer reicht niemals aus, um schuldfrei zu werden.

Als treue Diener des Geldes opfern wir das wirklich Wertvolle: die Schöpfung. Wir zerstören den Schoß, aus dem wir gekrochen sind. Wir, Geldgläubige, übersehen, wie wir die Welt und uns vergewaltigen und uns und andere zu nützlichen ökonomischen Gewinnobjekten erniedrigen. Wir stellen uns gegenüber den Meldungen von der Zerstörung unseres Lebensraumes taub, denn die Herrschaft der Schuld hat oberste Priorität. „Erst die

Ökonomie, dann die Ökologie", wie ein deutscher Zentralbanker die verdrehten Herrschaftsverhältnisse einmal auf den Punkt gebracht hatte. Wir wohnen der Zerstörung unseres eigenen Lebensraumes bei und fühlen angesichts des Wachstumsdiktates des Geldes nur Ohnmacht und gleichgültigen Zynismus.

Der Wachstumszwang des Schuldgeldes zwingt uns, das Leben seiner Logik zu unterwerfen. Wir ordnen kollektiv unseren Geist, unsere Träume und unsere Lebensziele einem unerreichbaren Ziel unter: die gemeinsame Schuld zurückzuzahlen.

Das Geld ist deswegen nicht mehr das Mittel, das unserem Leben dient, sondern unser Leben ist das Mittel geworden, das dem Wachstum des Geldes dient. Die Schuld, die das Geld repräsentiert, hat sich zum Herrscher über unser Leben und unseren Geist erhoben.

Die Bedürfnisse und Gedanken der Menschen werden auf das Wachstumsbedürfnis des Kapitals getrimmt. Wir überzeugen uns selbst in einer weltweiten Propagandaschlacht, immer neue und mehr Güter erzeugen und konsumieren zu müssen, damit wir die Wachstumsforderungen des Kapitals erfüllen können. Wir werden tagaus und tagein durch die allgegenwärtige Reklame in unseren Medien dazu manipuliert, das Hamsterrad, unser mentales Gefängnis, am Laufen zu halten.

Auf absurde Weise leben wir in einer „rational" begründeten Wahnwelt. Die Folge ist die totale Ökonomisierung unseres Denkens und Handelns und die rücksichtslose Unterwerfung sämtlicher Lebensaspekte unter das universale Diktat des Wachstums.

Menschen, Kulturen und das ökologische Gleichgewicht des Planeten werden in diesem globalen Malström sinnlosen Anhäufens aufgebraucht. Falls wir als Spezies auf diesem Planeten einen Platz auch in Zukunft haben wollen, sind wir gezwungen, aus unserem kollektiven Wahn aufzuwachen. Unser derzeitiges Wirtschaftssystem ist auf die Dauer nicht mit dem Ökosystem des Planeten vereinbar. Eine Änderung des Systems ist darum nicht mehr länger eine Frage der Macht, sondern eine Frage unseres Überlebens.

## Die persönliche Frage: Was wollen wir *eigentlich* mit unserem Leben?

Welche Wahl haben wir? Die Welt ist den Zwängen des Geldes erlegen: „Money makes the world go round". Unsere heutige „Welt" tanzt im Takt des Geldes. Es ist nicht leicht, sich außerhalb einer Logik zu stellen, die alle als „objektive" Realität akzeptiert haben. Wir erleben den Druck ständiger Leistungssteigerung an unseren Arbeitsplätzen; wir erfahren den Druck nach dauernder Konsumsteigerung durch eine unerhörte Kommerzialisierung des Alltagslebens und durch die dauernde Berieselung eines enormen Propagandaapparates.

Wir dürfen nicht konsumieren, in Wahrheit müssen wir konsumieren. Nicht, weil wir es wert sind oder weil wir es eigentlich wollen, sondern, weil die wuchernden Schuldforderungen es so verlangen. Wir ahnen immer mehr, dass das Geschenk des materiellen Wohlstands nicht aus freien Stücken geschieht, sondern das Diktat einer höheren Macht ist, die sich eigentlich nicht um unseren Wohlstand kümmert, sondern die nur um das Erreichen der Gewinnspanne besorgt ist, damit sie ihre autistischen Wachstumsforderungen erfüllen kann.

Je mehr wir hetzen und unser Leben nach den Forderungen des Systems anpassen, desto mehr fühlen wir den Irrtum, desto mehr fühlen wir die Leere des Versprechens auf ein glückliches Leben in materiellem Überfluss. Wir ahnen, dass das Versprechen ein Betrug ist, der unserem Leben einen scheinbaren Sinn geben soll. Wir ahnen, dass das Versprechen eine Karotte ist, die den Esel einen fremden Karren ziehen lässt. Je mehr wir unsere

Leistungen erhöhen und unseren Konsum steigern; wir dürfen dennoch niemals zufrieden sein. Denn jedes Innehalten würde Wachstumsstillstand bedeuten und eine Gefahr für das System sein, das uns beherrscht.

So bleibt scheinbar nur die Wahl, einfach weiter zu machen und über die Bedenken hinwegzugehen und nicht in sich hinein zu fühlen, was da eigentlich mit uns geschieht. Viele suchen dann die Zerstreuung und wählen auszublenden, was den Betrug an unserem Leben bewusst machen könnte.

Keine Frage, es ist viel einfacher, die Flucht zu wählen und nicht wahrzunehmen, was passiert. Es erscheint realitätstüchtig, sich anzupassen, über sein Unbehagen hinwegzugehen und weiter zu machen. Es ist realistischer, seine Wahrnehmung zu selektieren, um nicht das Risiko einzugehen, außerhalb zu stehen. Welche Wahl hat man schon, wenn man wählt, zu glauben, dass man keine hat?

Und überhaupt „außerhalb"? Es gibt kein „außerhalb" mehr. Das System ist absolut und global, es ist universell – und schon daher nicht mehr wahrnehmbar: Von welchem „äußeren" Standpunkt könnte es noch wahrgenommen werden? Das einzige Refugium, von wo aus eine „objektive" Betrachtung noch möglich ist, befindet sich „innerhalb", in uns, in unseren Herzen.

Und es ist hier, wo wir versagen. Es ist schmerzhaft, wie viele ihr Herz „überreden", dass das Opfer der Anpassung an die „harte Realität" erbracht werden müsste, weil die „Realität", die da Geld heißt, es erfordert. Manch einer bricht das Versprechen der Aufrichtigkeit und der Liebe zu sich selbst, weil die „Realität" dies zu erfordern scheint. Geld ist Schuld an allem, so scheint es. Es ist die Angst vor Geldmangel und die Gier nach noch mehr, die in so vielen kränkenden Handlungen, bei so vielen Kriegen und persönlichen Konflikten ihre „unsichtbare Hand" im Spiele hat.

Die Schulden kennen eben keine menschlichen Werte, sie kennen nur *ihre* Werte, und die sind in kalten Zahlen ausgedrückt. Sie wollen im Grunde nicht wissen, *wie* ihre Forderungen erfüllt werden, sie wollen nur, *dass* sie erfüllt werden, und das zu jedem Preis.

An dieser Stelle sollten wir uns daher eine wichtige Frage stellen: Was wollen wir *eigentlich* mit unserem Leben? Ist die Definition unseres Daseins ausreichend? Ist der Dienst am Geld alles, was wir uns wünschen können? Oder gibt es eine tiefere Dimension, die im folgsamen Streben nach der Erfüllung der Wachstumsforderungen vergessen wird? Ist die Sehnsucht nach Freiheit am Ende doch größer als die Angst vor dem Verlust der Illusion, in der wir gemeinsam leben?

# Kap. IV
# Geld – die Anerkennung von Schuld

*„Wenn es eine Klasse gibt, die nichts zu verlieren hat als ihre Ketten, so sind diese Ketten selbstauferlegte sakrale Verpflichtungen, die mit der ganzen Macht neurotischen Wahns als objektive Realitäten erscheinen."*
*Norman o. Brown*[50]

*„Alles Geld, und was so genannt wird, ist eine Anerkennung von Schuld."*
*(Ruskin, Unto this Last)*

*„Was auch immer Geldscheine zusichern, sie repräsentieren eine Schuldforderung, was bedeutet, dass sie einen Anspruch auf etwas darstellen."*
*Henry Clay Lindgren*[51]

B isher konnten wir sehen, dass Geld eine Illusion ist, ein Schuldverhältnis, zu dem wir verführt wurden und das wir akzeptieren, weil wir uns nicht bewusst sind, *dass* wir es akzeptieren.

Das Wissen über den Bluff, der hinter dem schuldbasierten Geld und der Macht steht, ist jedoch seit langem jedem zugänglich. Er ist keineswegs geheim, denn der Bluff ist für jeden, der es wirklich wissen will, erkennbar; er ist ein offenes Geheimnis. Es steht darüber in manch einem guten Buch.

Und das ist sehr bemerkenswert.

Wollen wir etwa nicht wissen? Weigern wir uns, das illusionäre Gefängnis zu erkennen, in dem wir leben? Wer hat die Verantwortung für unsere Illusion? Der Magier oder das Publikum? Wollen wir, dass jemand unser Leben als Schulddienst definiert? Fühlen wir uns alle schuldig und brauchen darum den Dienst an der Schuld, um unser Gewissen zu erleichtern? Sind wir eigentlich frei, ohne es zu wissen bzw. ohne es wissen zu wollen?

Solche Fragen waren für mich der eigentliche Anlass, dieses Buch zu schreiben. Wieso, so fragte ich mich, ist so gut wie die gesamte Menschheit schmerzhaft in ein selbstdestruktives System verwickelt und ist nicht in der Lage, die Illusion zu erkennen bzw. sie aufzulösen, von dem ich glaube, dass es das Gleiche wäre? Offensichtlich existiert eine allgemeine Betriebsblindheit.

Wenn das menschliche Bewusstsein kollektiv für solch eine umfassende Sinnestäuschung blind ist, dann muss es – so war mein Gefühl – sich um eine enorme Verdrängung handeln. Irgendetwas muss in diesem „Geld-gleich-Schuld"-Thema liegen, das wir nicht sehen wollen. Wenn sich unser gemeinsames Bewusstsein für die selbstzerstörerischen Konsequenzen blind macht, in die dieses Geldsystem uns stürzt, dann ist hier wahrlich „ein dicker Hund" begraben. Dann ist dieses schuldbasierte Geld eine stinkende Leiche im Keller unseres kollektiven Bewusstseins, die bereits zum Himmel stinkt. Dann hat dieses Thema mit der Verdrängung einer ureigenen menschlichen psychologischen Schuld von existentieller Bedeutung zu tun. Und wenn dies der Fall ist, dann ist eine Auflösung des Dramas nur möglich, wenn das Verdrängte an das Licht des Bewusstseins gelangt.

Darum will ich im Folgenden die psychologischen und spirituellen Hintergründe unserer kollektiven Schuldanerkennung untersuchen, die mit der Geldschöpfung verknüpft sind. Ich hoffe, sie dadurch ins Bewusstsein rücken zu können, damit eine Befreiung aus dem illusionären Gefängnis möglich wird, in dem wir leben.

Dieser Anspruch wirkt sicherlich anmaßend. Doch wenn wir eine Überzeugung als Illusion enthüllt haben, dann hat sie die Macht über uns unmittelbar verloren und damit rechne ich.

Wessen wir uns bewusst geworden sind, das beherrscht uns nicht mehr. Darum wage ich an den alten Spruch zu glauben, dass uns die Wahrheit befreit.

Ich hörte allerdings von einer Variante: *The truth will set you free, but first it will piss you off.* Zunächst wird die Wahrheit viele verärgern, weil sie einen Irrglauben enthüllt, mit dem sie sich identifiziert haben. Und unsere Identität geben wir von Natur aus nicht so leicht auf, denn wir glauben ja, wir *sind* sie. Letztlich haben wir also Angst, unsere Überzeugungen loszulassen, von denen wir glauben, dass wir sie sind.

Darin liegt die Schwierigkeit einer Veränderung. Wir brauchen Vertrauen in das, was wir noch nicht kennen, um das Neue erobern zu können. Wir müssen das Alte, Bekannte und scheinbar Sichere loslassen und kennen noch nicht das Neue und Unbekannte, das wir erobern wollen. Diese Angst bremst Veränderungen und wird vermutlich auch die hier genannte nur langsam zulassen.

Ich hoffe natürlich, dass es mir gelingt, die Zusammenhänge so allgemeinverständlich darlegen zu können, dass die verdrängten Bewusstseinsinhalte leichter an die Oberfläche gelangen können. Doch letztlich hängt eine Veränderung davon ab, dass jeder für sich persönlich diese Bewusstwerdung sucht.

## Der wahre Wert des Geldes

*„The ultimate purpose of projection is always to get rid of guilt."*
*A course in miracles T-13.II.1.*

Der Wert und die Macht des Symbols „Geld" beruhen auf einer Übertragung: Wir glauben, Geld sei wertvoll, aber in Wahrheit ist es unser Glaube, der das Geld zu etwas Wertvollem macht. Wir glauben, wir bekämen mit einem Darlehen etwas Wertvolles „geschenkt", dabei ist es umgekehrt: Wir „schenken" etwas *Wertlosem* unser wertvolles Versprechen, ihm zu dienen, d. h. wirkliche Werte zu schaffen.

Wir verpfänden unsere zukünftige Wirtschaftsleistung, also unsere Lebenszeit und -kraft sowie die gemeinsamen natürlichen Ressourcen, für das Recht, ein allgemein gültiges Tauschmittel benutzen zu dürfen, das die Banken aus dem Nichts erschaffen. Der Banker erschafft nur, kraft des Vertrauens in seine Institution, die allgemein akzeptierte Recheneinheit, die es den Bewohnern eines Währungsgebietes ermöglicht, ihre Produkte und Dienstleistungen zu tauschen.

Die „Leistung" der Bank ist das Kunststück der Schuldanerkennung durch den Kreditnehmer, wodurch die von ihr emittierten, „inhärent wertlosen" (Greenspan) Symbole von Kaufkraft einen inneren Wert erlangen. Das Symbol der Schuld wird erst durch die Anerkennung zu etwas Wertvollem, denn nun repräsentiert es ein Opfer, d. h. ein Leistungsversprechen. Die Anerkennung der Schuld ist der eigentliche Schöpfungsakt des Geldes.

*Offenbar also glauben wir kollektiv unbewusst, dass wir schuldig sind!*

Das ist der springende Punkt, um den es mir hier geht!

Modernes Fiat-Geld ist daher nichts als ein Schuldbekenntnis. Es wird gesagt, Fiat-Geld sei aus dem Nichts geschaffen. Fiat-Geld ist aber nicht Nichts, denn dann hätte es keine Bedeutung und keinen Wert. Die Information von Kaufkraft, die Fiat-Geld symbolisiert, ist gedeckt durch eine Schuldanerkennung der Kreditnehmer, und *diese ist eine Projektion aus dem „Nichts" des kollektiven Unbewussten*. Das kollektive Unbewusste wird daher das Forschungsgebiet sein, das wir untersuchen müssen, falls wir eine nachhaltige Reform des Geldsystems und der Gesellschaft vornehmen wollen.

Die Herrschaft des Geldes ist somit die Herrschaft unseres

Glaubens an unsere genuine Schuldhaftigkeit. Unser heutiges Geld ist eine reine Glaubenssache: eine unbewusste Religion der Schuld.

## Der Widerstand

*„The world you see is the delusional system of those made mad by guilt. Look carefully at this world, and you will realize that this is so. For this world is the symbol of punishment, and all the laws that seem to govern it are the laws of death."*

*A course in miracles T-13, 2-4*

Unsere unbewusste Bereitschaft, Schuld anzuerkennen, verursacht die wahnhafte Wirklichkeit des Kapitalismus.
*Die kollektiv unbewusste Schuldanerkennung scheint daher der Schlüssel zur Lösung unserer Probleme zu sein.*

Würde die irrtümliche Schuldanerkennung bewusst werden, dann wäre auch die Illusion des Schuldgeldes mitsamt dessen destruktiven Strukturen überwunden. Wir würden dann selbstverständlich und bewusst ein Geldsystem erschaffen, das der Gemeinschaft ein funktionales Tauschmittel zur Verfügung stellt. Eigentlich kein schwerer Prozess, denn es gibt ausgereifte Vorschläge und historisch erfolgreiche Beispiele, wie ein nachhaltiges und gerechtes Geldsystem beschaffen sein sollte.

Das Problem aber ist, dass die unbewusste Schuldanerkennung beim Geldschöpfungsprozess vom allgemeinen Bewusstsein verdrängt wird. Jeder Geldreformer kann ein Lied davon singen. Die Gesellschaft hat sich offenbar dazu entschieden, ihr Gefängnis nicht wahrzunehmen. Die meisten Menschen haben einen starken mentalen Widerstand, die Illusion, in der sie leben, zu durchschauen. Erkennen bedeutet das Aufwachen aus einem Bewusstseinszustand, mit dem sie sich irrtümlich identifiziert haben. Zu erkennen hieße, mit analytischem Blick ihre Glaubensvorstellungen in Frage zu stellen. Das kollektive Bewusstsein erfindet die illusionäre Geldwelt und verleugnet vor sich selbst seine Urheberschaft. Auf diese Weise erscheint die kollektive Projektion als objektive, äußere Wirklichkeit (so ist es immer mit unseren „Wirklichkeitsauffassungen").

Unsere heutige Gesellschaftsordnung ist auf den Glauben an das Schuldgeld errichtet. Folglich muss die Gesellschaft vor sich selbst verleugnen, dass die herrschende Wirklichkeit, die das Geld erschafft, die Manifestation der eigenen Projektion ist. Wenn sie sich der Urheberschaft bewusst würde, dann wäre der Glaube an die „objektive" Wirklichkeit der eigenen Projektion gebrochen. Und dann zerbricht auch das illusionäre Gefängnis, in dem die Gesellschaft lebt. Die Angst vor dem Aufwachen aus der Illusion ist ein starker Grund, an der Illusion des Schuldgeldes festzuhalten, so lange es möglich ist. Ein Gefängnis schenkt uns eben das Gefühl der Sicherheit und der Ordnung. Es sagt uns, was wir tun sollen und seine inneren Zwänge vermitteln uns Teilnahme und Sinnzusammenhänge in einem gemeinsamen Opferritual.

Wir fühlen uns offenbar nicht unschuldig genug, um ein schuldloses und freies Zahlungsmittel zu kreieren, das uns ein unschuldiges und freies Leben ermöglicht. Es erscheint uns hingegen selbstverständlich, uns den Leistungsforderungen einer wuchernden Schuld zu unterwerfen.

Unser gesellschaftliches Übereinkommen, das Geld repräsentiert, ist ja sogar so konstruiert, dass die Schuld wächst, je *mehr* wir versuchen, ihre Leistungsforderungen zu erfüllen. Die Menschheit hat ein masochistisches System installiert, das mit kalter mathematischer Präzision ihr Dasein im Schuldendienst erdrückt. Wir haben durch die globale Installation dieses Systems einen Terror der Schuld gegen uns selbst inszeniert.

Irgendwo und sehr unbewusst sind wir kollektiv der Auffassung, dass das Leben kein Geschenk ist, sondern die Sühnezeit einer Schuld. Irgendwie beleuchtet die Akzeptanz dieses Systems eine existentielle menschliche Grundannahme: So, wie wir sind, ist nicht gut genug, denn wir sind schuldig!

Um vor Gott, der allgemeinen Autorität oder uns selbst Gefallen zu finden bzw. angenommen und geliebt zu werden, müssen wir zuerst unsere Schuld abarbeiten. Wir müssen uns die Liebe im „Schweiße unseres Angesichtes" verdienen, denn wir sind offenbar in Sünde und Schuld geboren. Es scheint eine kollektive Story der Selbstbestrafung zu sein, in deren Umfeld das Schuldgeld überhaupt installiert werden konnte.

Wenn dies so ist, dann brauchen wir ein schuldbasiertes Geldsystem, um die Schuld, an die wir unbewusst glauben, abarbeiten zu können. Das Schuldgeld bestätigt und inszeniert die gemeinsame Story der Selbstbestrafung. Es bestätigt unser Weltbild, unseren geheimsten und schmerzhaftesten Glauben: dass wir der Freiheit, der Liebe und des Überflusses – so, wie wir jetzt und hier sind – nicht wert sind. Somit sind die Bankiers die Co.s, wie sie in der Therapiesprache genannt werden. Die Co.s sind die Leute und Partner, die wir uns beschaffen, um unsere Story inszenieren zu können. Sie kooperieren mit unserer Story. Sie sind die Partner, die uns helfen, unsere Story der Selbstverneinung in der äußeren Wirklichkeit zu inszenieren.

Weder die eine noch die andere Seite ist sich der Verantwortung im gemeinsam inszenierten Psychodrama in seiner Tiefe bewusst. Jede Partei beharrt auf ihre eigenen kleinen Lügen, um die Story, die ihr Leben geworden ist, nicht aufgeben zu müssen. Wir wollen hier aus diesem Grunde von Schuldzuweisungen für das Leiden im gemeinsamen Drama deutlich Abstand nehmen. Schuldzuweisungen sind, ähnlich wie bei einer dysfunktionalen Beziehung, ein unfruchtbarer Weg, um die Befreiung unserer Liebe zu erreichen. Aus meiner Sicht ist der einzig fruchtbare Weg der, dass eine oder beide Seiten den Mut aufbringen, sich der destruktiven Muster bewusst zu werden, um sie verantwortungsvoll zu überwinden.

Das Leben im Schuldendienst ist kollektives Leiden, ist kollektive Selbstbestrafung. Das Schuldgeld aufzugeben, bedeutete, die alte Story der Selbstbestrafung loszulassen und die Türe zu einer freieren und liebevolleren Wirklichkeit aufzustoßen. Die Frage ist: Wagen wir es, uns unsere Schulden zu vergeben?

### Die Macht der Illusion über unser Leben

*Morpheus: „The matrix is everywhere. It is all around us … It is the world that has been pulled over your eyes to blind you from the truth."*

*Neo: „What truth?" Morpheus: „That you are a slave, Neo. Like everyone else you are born into bondage, born into a prison that you cannot smell, or taste or touch, a prison for your mind."*
So beschreibt Morpheus dem Helden Neo im Film „Matrix" die Illusion, in der er lebt.

Die Grundannahmen, was Geld ist und wie es funktioniert, sind impliziter Teil unserer Realitätsauffassung und darum für gewöhnlich nicht Gegenstand der Untersuchung. Wenn wir die Annahmen untersuchen, die unserem Währungssystem zu Grunde liegen, dann rütteln wir automatisch an unserem impliziten Realitätsverständnis.

Geld definiert unsere Realität und *ist* darum unsere Realität. Kein Wunder, dass wir, wenn wir die Definition von Geld hinterfragen, auch mächtig an der Definition unserer Realität rütteln. Aber wer an der Definition unserer Realität rüttelt, der rüttelt an der Definition von uns selbst. Was wir zu sein glauben, ist bekanntlich das, was wir *glauben* zu sein. Unsere Identität hat sehr viel mit den Grundannahmen der Gemeinschaft zu tun, in der wir leben und aufgewachsen sind. Was Wunder, wenn wir für gewöhnlich ängstlich oder gar aggressiv werden, wenn man am sicheren und gemütlichen Stübchen unserer Grundannahmen rüttelt.

Mit dem, was wir kennen, fühlen wir uns sicher, selbst wenn es die Sicherheit eines Gefängnisses sein sollte. Solange ein gutes Unterhaltungsprogramm läuft und das Bier kalt ist, solange ist der Deal mit den Wärtern o. k. Kein Bedarf, das Sichere in Frage zu stellen. Erst wenn die Anstaltsleitung immer härtere Forderungen stellt, die von den Insassen nicht mehr erfüllt werden können und das Essen ausbleibt, dann startet man die Revolte. Die Revolution richtet sich dann meistens gegen die Anstaltsleiter, die ausgetauscht werden sollen.

Die eigentliche Revolution aber ist die Erkenntnis, dass unsere „*Ketten selbstauferlegte sakrale Verpflichtungen*" *(N. Brown)* sind, dass wir das Gefängnis selbst geschaffen haben, weil wir unbewusst an dessen Realität glaubten. Revolution bedeutet die Erkenntnis, dass es ein Leben außerhalb des selbstauferlegten Gefängnisses gibt und dass wir eigentlich frei sind.

Es ist ein kosmischer Witz: Unsere Ketten sind eine kollektive Illusion, die „*mit der ganzen Macht neurotischen Wahns als objektive Realitäten erscheinen*". *(N. Brown)*

Es sind die unbewussten Grundannahmen, die unsere Begrenzungen erschaffen haben und sie sind es, die ins Bewusstsein geholt werden müssen, um eine nachhaltige Veränderung der Realität, eine tiefere Wahrhaftigkeit und eine größere Freiheit unseres Lebens zu erschaffen.

## Die psychologische Spiegelung

Die Schuldanerkennung, mit deren Hilfe das Geld geschöpft wird, basiert auf einer kollektiv verdrängten psychologischen Schuld. Die Begriffe „Erbsünde" und die „Übernahme aller Schuld" durch Jesus seien hier nur kurz erwähnt, um auf die uralte Problematik aufmerksam zu machen, um die es hier geht. Schuld und Vergebung sind *Die* Themen der Religionen. Ich möchte hierauf später eingehen.

Dem Umfang des Leidens, welches das schuldbasierte Geld verursacht, entspricht auch das Ausmaß der Verdrängung, um die es hier geht. Ganz bestimmt handelt es sich also nicht um Belangloses, sondern um die Verdrängung starker emotionaler und geistiger Inhalte.

Die irrtümliche Schuldanerkennung bei der Geldschöpfung ist nur ein Trick des Geistes, um „außen" unbewusst anerkennen zu können, was er „innen" nicht bewusst wahrhaben will. Das „äußere" Schulddrama in der Welt ist die Spiegelung eines verdrängten „inneren" Schulddramas unseres Bewusstseins. Unser Bewusstsein inszeniert das Verdrängte in unserer Wirklichkeit, um sich selbst die Möglichkeit zu schenken, abgespaltene Bewusstseinsinhalte wieder ins Bewusstsein zu integrieren. Was wir „außen" erkennen, kann uns „innen" bewusst werden. Die Spiegelung ist ein Geschenk, eine Möglichkeit, Selbsterkenntnis zu erlangen. Die äußere Spiegelung ist also ein Versuch unseres Bewusstseins zur Selbstheilung. Wie schnell und schmerzlos die Genesung durchgeführt werden kann, ist vollkommen von der Lernbereitschaft abhängig, die verdrängten Bewusstseinsinhalte anzunehmen.

## Strategie der Befreiung: Make conscious, not war

Der erste Schritt aus dem Banne einer Projektion besteht darin, die Projektion als solche zu erkennen. Es ist weder der Teufel noch sonst wer, der sie in unser Bewusstsein gepflanzt hat. Wir sind Schöpfer und Meister unserer Projektionen. Wir erinnern uns, wer der Projektor ist und was die Projektion und erinnern uns dadurch, wer und was wirklich ist.

Wir erkennen: Das Leben im Dienste von wuchernden Schulden bzw. Leistungsforderungen ist immer das Produkt unseres kollektiven Geistes gewesen. Wir sind nicht Gefangene unseres Geldsystems, sondern unserer Projektionen. Zu dieser Erkenntnis bedarf es viel Mut, Ehrlichkeit und Vergebung unserer Schuld(en).

Die Bewusstwerdung der Projektion, die Macht über unser Bewusstsein hat, ist der *einzige* Weg zur Befreiung von der Projektion. Im Moment der Bewusstwerdung beenden wir unsere unbewusste Identifikation, und sie verliert unmittelbar die Macht über unseren Geist. Wenn wir uns der verdrängten psychologischen Schuld bewusst werden, dann zerbricht auch der Zauberspiegel unserer Projektionen und wir werden aus dem Banne einer falschen Wahrnehmung befreit.

Wir sind zwar immer noch Teilnehmer der gesellschaftlichen Wirklichkeit, welche die Schuldprojektion über lange Zeit errichtet hat, doch der verlorene Glaube an die Illusion wird früher oder später auch die gemeinsame ökonomische und kulturelle Wirklichkeit transformieren. Indem die Projektionen bewusst werden, verlieren sie zuerst ihre Macht über unseren Geist und dann ihre Existenz in der kollektiven Wirklichkeit. Der Projektor nimmt seine Projektion zurück, weil er sich selbst bewusst wird und er erlebt dadurch die Restauration seiner Macht und seiner Verantwortung.

Dieser Prozess handelt also nicht von einer neuen Revolution, bei der irgendwelche Mächtigen ersetzt werden, sondern von einer Transformation des kollektiven Bewusstseins. Würde die Verantwortung wieder an ihre Quelle zurückgeführt werden, dann wäre auch die Macht wieder in unseren Händen und Herzen. Das, was uns beherrscht, ist immer das Verdrängte. Die von uns unterdrückten Bewusstseinsinhalte kehren als unterdrückende Herrschaftsstrukturen in uns und um uns zu uns zurück.

Mit einem direkten Angriff auf das Machtsystem, das auf dem Schuldgeld errichtet ist, bestätigen wir uns nur, dass wir noch immer an die Illusion glauben. Wir ändern damit gar nichts. Wir haben diesen Irrtum allzu oft in der Geschichte begangen und haben letztlich nur die Gefängniswärter ausgetauscht. Wir sind uns der Illusion, in der wir gefangen sind, nie wirklich bewusst geworden, und folglich haben wir uns nie von ihr befreit. Einzig Einsicht kann uns aus einer Illusion befreien. Die Erkenntnis der Wirklichkeit verhält sich zur Herrschaft einer Illusion wie eine Nadel zu einem Ballon. Ein Glaubenssystem wird darum nicht erobert, sondern es bricht wegen einem Mangel an Glaubwürdigkeit in sich zusammen.

Darum möchte ich nun in den folgenden Kapiteln versuchen, die verdrängten Bewusstseinsinhalte, die Geld meiner Ansicht nach repräsentiert, schrittweise zu enthüllen.

# Kap. V  Geld als Gottersatz

*„Wenn es je eine Psychoanalyse des Geldes geben soll, so muss sie von der Hypothese ausgehen, dass der Geldkomplex im Wesentlichen die Struktur der Religion hat – oder, wenn man will, der Verneinung der Religion, also des Dämonischen.*

*Die psychoanalytische Geldtheorie muss von der Voraussetzung ausgehen, dass Geld – nach Shakespeare – der ‚sichtbare Gott‘ oder nach Luther ‚der Gott dieser Welt‘ sei. Das erste Paradox der psychoanalytischen Geldtheorie ist also seine Einbeziehung in den Bereich des Irrationalen, das zweite seine Zurechnung zum*

Sakralen.“[52] Norman O. Brown

*„Wenn man bei einer Gesellschaft die Vorstellungen vom Göttlichen kennt, findet man auch heraus, welche Probleme sie hier auf Erden hat …“*

Bernard A. Lietaer

*„Unzerstörbar, wie es ist, schwer erreichbar … wurde es ein Symbol der fernen unendlichen Gottheit, und wir dürfen ernstlich in Betracht ziehen, dass in der Frühzeit das Gold hauptsächlich eine religiöse Rolle gespielt hat, da es erlaubte, die Gottheit sichtbar zu materialisieren.“*

Laforgue, Gold und Kapital, 1931

### Die Allmacht des Geldes

*Wie feuchten Ton will ich das Gold behandeln;*
  *Denn dies Metall lässt sich in alles verwandeln.*

Goethe, Faust II

Geld ist allmächtig. Es kann, in seiner Eigenschaft als Tauschmittel, in alles verwandelt werden, was auf dem Markt angeboten wird. Und die Nachfrage des Geldes wird fast immer erfüllt. Geld bedeutet nicht nur die Erfüllung *eines* Wunsches, sondern die Möglichkeit zur Erfüllung *aller* Wünsche. Darum wird Geld selbst zum größten aller Wünsche. Daher auch die besessenen Bestrebungen der Alchimisten, aus Blei Gold zu machen, denn Gold war früher Geld. Sie wussten, dass, wer etwas Wertloses zu wertvollem Geld verzaubern könnte, würde Herrscher über die Welt. Infantile Allmachtfantasien sind seit jeher mit der Schöpfung von Geld verknüpft. Der Wunsch, unbeschränkte Macht über die Geldschöpfung zu erlangen, ist der infantile, größenwahnsinnige Wunsch, allmächtiger und magischer Herrscher über die Welt zu werden.

Mit der „Erfindung" des modernen Fiat-Geldes ging dieser infantile Wunschtraum in Erfüllung. Nun sind alle früheren Beschränkungen aufgrund eines natürlichen Mangels an Edelmetallen verschwunden. Der Schöpfung von Schuldgeld liegt keine „natürliche" Begrenzung mehr zu Grunde.

Wer die Kontrolle über die Geldschöpfung erlangt und sie von jeglicher Begrenzung befreit hat, der kann nicht nur unbegrenzt eine Leistung für das Tauschmittel verlangen, das er zur Verfügung stellt, er hat darüber hinaus Kontrolle über die Möglichkeit der anderen, ihre Wüsche in Erfüllung gehen zu lassen. Wer aber die Wünsche der Menschen kontrolliert, der hat auch Kontrolle über den ganzen Menschen.

Schuldgeld avanciert so zum Herrschergott. Dieser Herrschergott besitzt Allmacht, er gebietet nicht nur über die Untertanen, sondern auch über die Regierenden. Sein Wachstumsdiktat wird zur Diktatur, der sich alle zu unterwerfen haben und sein „Akkumulationsregime"[53] wird zur absoluten „Wirklichkeit".

## Das Erhabene und Unvergängliche

Die gängigsten Geldformen waren in der Vergangenheit die nichtrostenden Metalle Gold und Silber, die von Anbeginn an als Symbol von religiöser Macht bevorzugt wurden. Die Tatsache, dass sie nicht rosteten und also unvergänglich waren, machte sie den Göttern ähnlich. Alles Gold und aller Goldschmuck boten „Teilhaberschaft an der göttlichen Autorität", an der Autorität des „Vater-Gottes" und die „Möglichkeit, sich durch die Macht des Goldes mit der allmächtigen Gottheit zu identifizieren"[54].

Später wurde auf Papierscheinen dokumentierte Schuldanerkennung zu Geld. Heute besteht fast 97 % allen Kreditgeldes nur noch aus elektronischen Bits, die zwischen den weltweit verteilten Festplatten der Banken herumflitzen. Geld, das nach gängiger Lehrmeinung eigentlich ein Äquivalent für die vergänglichen Waren des täglichen Lebens sein sollte, ist selbst nicht vergänglich und daher in keinster Weise ein Äquivalent. Weder Gold, Silber oder Bits verrotten, wie z. B. ein Apfel es tut. Damit stellt sich das Geld prinzipiell *über* die vergänglichen Dinge des Lebens. Geld ist auf dem Markt immer der Joker, den alle haben wollen, denn es ist nicht vergänglich. Geld bleibt stets anwendbar, während Waren und Dienstleistungen angeboten werden müssen, weil sie im Prinzip alle ein Verfallsdatum haben. Aus diesem Grund ist der Geldbesitzer auf dem Markt strukturell dem Anbieter von Produkten und Dienstleistungen überlegen. Der Geldbesitzer kann so durch Zurückhalten des Zahlungsmittels einen leistungslosen Tribut, den Zins, erpressen. Der Zins ist damit die direkte Folge eines speziellen Attributes des Geldes: der Unvergänglichkeit, des Nicht-Irdischen.

Die unvergängliche Eigenschaft des Geldes gibt ihm Macht über den Markt. Das Tauschmittel, das eigentlich ein „Äquivalent", ein gleichwertiger Vermittler, sein sollte, wird zum Herren des Tausches und der Geldbesitzer, damit zum Herren der arbeitsteiligen Gesellschaft.

Geld, ursprünglich von Priestern oder Priesterkönigen in Umlauf gebracht, war von Anfang an mit unseren Ideen vom Göttlichen verknüpft. Das Göttliche stellen sich die meisten auch heute noch abstrakt, unvergänglich und das vergängliche Leben beherrschend vor. Das Göttliche ist demnach außerhalb unserer Welt und nicht in unserer Welt. Es ist vom vergänglichen Leben unberührt. Kein Wunder also, dass Geld, ursprünglich ein Symbol unserer Vorstellungen vom Heiligen, über das profane, vergängliche Leben erhaben ist und über es bestimmt. Der Geldbesitzer und -schöpfer lebt durch den Zins vom gottgleichen Abglanz des Geldes. Es macht ihn zum Vertreter des Göttlichen und berechtigt ihn daher, Opfer in dessen Namen zu verlangen.

*Unsere Vorstellungen vom Göttlichen haben uns auf diese Weise in die Abhängigkeit vom Geld gebracht.*

Geld reflektiert unseren Glauben, dass das Göttliche *nicht* irdisch ist, sondern sich im Himmlischen, Ewigen, Jenseitigen, Nicht-Körperlichen befindet und dass dieses Göttliche vom Materiellen getrennt ist: unbefleckt, rein und unberührt, über alles waltend. Geld entwertet das Lebendige und Vergängliche und überhöht sich als das Wertvolle und Gottgleiche *über* das Leben. Es reflektiert unseren Glauben, dass diese Erde vom Göttlichen verlassen ist, dass das Leben im Leib verachtenswert und diese Welt ein Jammertal ist.

Es reflektiert mit anderen Worten unsere kollektive Abweisung des *Göttlichen im manifestierten irdischen Hier und Jetzt.* Es symbolisiert unsere Abweisung für das Göttliche, das sich *im* Leben manifestiert hat und damit unsere Selbstabweisung. Die Projektionen, die wir mit Geld assoziieren, sind damit Ausdruck einer latenten Selbstabwertung, denn Geld entwertet das Göttliche *in uns* in demselben Maße, wie wir unseren Wert an das „göttliche" Symbol veräußern.

## Ewiges Wachstum und Zinsen

Durch den Zins erhält das Geld noch ein weiteres gottgleiches Attribut: ewiges Wachstum bzw. ewiges Leben.

Genauso wie die Attribute des Unsterblichen, Abstrakten und allmächtig Herrschenden, so ist auch das Attribut des ewigen Wachstums, das Geld durch den Zins erhält, eine Spiegelung unserer kulturellen Vorstellungen vom Heiligen. Zinsen lassen die Opferansprüche des Gottes Mammon an das irdische Leben ins Unendliche wachsen. Er verhält sich damit wie ein Parasit am Leben. Der Abgott Mammon hat keine eigene Lebenskraft, denn er lebt auf Kosten der Lebenskraft anderer.

Wenn also Ihr Bankberater davon spricht, dass Ihr Geld wächst, dann ist das eine Lüge. Geld selbst kann nicht wachsen, denn es hat kein Leben. Was gewachsen ist, das sind die Leistungsansprüche an das Leben. Wenn also Geld „wächst", dann in dem Sinne, dass unser Leben schrumpft, dass unsere Lebensenergie noch mehr in die Schuldsklaverei verkauft wurde.

## Der neue Herrscher über Leben und Tod

War es früher die Natur, die Herrscherin über Leben und Tod war, so ist heute diese Macht eindeutig auf das Geld übertragen worden. Geld hat „Mutter Natur" als lebenspendende und -nehmende Gottheit abgelöst. In unseren Gesellschaften entscheidet heute der Besitz oder Nicht-Besitz von Geld über Leben und Tod. Mutter Natur ist mit Hilfe des patriarchalen Gottes Geld unter Kontrolle gebracht worden.

Der Gott Mammon ist babylonisch „man-man", ein Beiname Nergals, Herrscher der Unterwelt, des Reiches des Todes und des Geldes. Auch die griechische Gottheit Pluto ist Gott des Geldes und der Unterwelt. Somit ist die Plutokratie die Herrschaft der Unterwelt, ein Sinnbild für die Herrschaft des Unterbewussten und Verdrängten. Gleichzeitig verdeutlicht dieses Bild die Nähe von Schuld und Tod (engl. death/debt), d. h. die Herrschaft eines todbringenden Prinzips, da die krebsartig wuchernden Leistungsansprüche die Menschheit seelisch und physisch erdrücken.

Mammon ist der Herrschergott, dem wir huldigen und den wir fürchten, denn er ist heute der wahre Herrscher über Leben und Tod und somit über den klassischen weiblichen Aspekt des Göttlichen. Der immanente Geldmangel, den das Schuldgeld inszeniert, ist die Drohung, die diese patriarchale Gottesprojektion so furchterregend macht. Mammon herrscht, wie alle patriarchalen Herrscher, mit Hilfe unserer Angst vor dem Tode.

## Die Angst vor dem Tode

*„Der Todestrieb ist der Kern der menschlichen Neurose. Er beginnt mit der Unfähigkeit des menschlichen Säuglings, die Trennung von der Mutter zu akzeptieren, diese Trennung, die allen lebenden Organismen individuelles Leben verleiht und die gleichzeitig alle lebenden Organismen zum Tode führt. Es ist das Wesen endlicher Dinge, sagt Hegel, dass die Stunde ihrer Geburt die Stunde ihres Todes ist. Daher beginnt die Unfähigkeit der menschlichen Spezies zu sterben – und damit zu leben – mit der Geburt, was die Psychoanalyse das Geburtstrauma nennt."*

*Norman O. Brown*

Die Angst vor dem Tode verführt uns zu einer Strategie, mit der wir unser Glück im Ansammeln von Leistungsansprüchen an das Leben suchen. Geld ist das Mittel, um Kontrolle über das Leben zu erhalten. Es ist der absurde Versuch, den Tod zu überwinden, indem alle Lebensenergie unter Kontrolle gebracht wird. Wir glauben, wir dürften uns entspannen und die Angst würde verschwinden, wenn wir genügend Kontrolle haben. So führen wir ein Leben im Auftrag unserer Angst vor dem Sterben.

Aber nicht der Tod ist das Problem (der kommt „mit Sicherheit"). Das Problem ist die Angst. Ein Leben in Angst vor dem Tode zu leben ist ein Leben im Zeichen des Todes. Wir glauben jedoch, der Tod sei das Problem. Dieser irrtümliche Glaube verleitet uns zu unzähligen Strategien, den Tod, und damit das vergängliche Leben, unter Kontrolle zu bekommen. Die Angst erzählt uns, dass, wenn wir alles unter Kontrolle hätten, *dann* dürfen wir uns entspannen und uns endlich sicher und glücklich fühlen. *Dann* kommt aber niemals.

Der Versuch, mit Hilfe von Geld Kontrolle über das Leben zu erlangen, ist eine Flucht vor der Erkenntnis der Vergänglichkeit allen Lebens. Erst wer die Vergänglichkeit annimmt, gewinnt das Leben, denn er beendet ein Leben in der Angst vor dem Tode.

Geld eignet sich durch seine omnipotente Macht als Mittel, um über das Leben Kontrolle zu erhalten und so die Illusion von Sicherheit zu erzeugen. Daraus resultiert ein starker Wunsch, es zu horten. Dieser Impuls zum Horten beraubt dem Geld aber seiner Funktion als Tauschmittel und erzeugt die Dysfunktion, von der wir schon sprachen.

Wer das Leben kontrollieren möchte, der tötet es in Wirklichkeit ab. Das Versprechen der Angst, Geld könnte uns Sicherheit schenken, wird zu einer Falle. Wir sind schließlich ein Leben lang damit beschäftigt, Geld zu akkumulieren, um Kontrolle zu erlangen, aber statt der Erlösung von unserer Todesangst erleben wir ein Leben *im Dienste* unserer Todesangst.

Das Versprechen des Geldes auf Befreiung von unserer Angst wird somit ein Selbstbetrug, der uns in seine Abhängigkeit führt. Weil der Schritt zur Akzeptanz der Vergänglichkeit nicht stattgefunden hat, müssen wir wie Süchtige stets mehr „Sicherheiten" beschaffen.

Glück bedeutet ein Leben ohne Angst. Doch unsere Strategie, die Angst vor dem Sterben zu überwinden, indem wir das Leben kontrollieren und unterdrücken, endet in einer gemeinsamen Selbstunterdrückung. Die Angst vor dem Loslassen unseres Körpers steigert sich in ein krampfhaftes Festhalten, das den Fluss der Lebensenergien abwürgt. Unser Wunsch nach Kontrolle wird schließlich zu einer selbstverneinenden Manie. Sie separiert uns von der Erfahrung der Einheit mit unserem Körper und dem Leben.

## Die Unterdrückung der „großen Mutter"

*„Die Psychoanalyse macht sich anheischig, den Ursprung der Mythen, welche von sozialer Macht und Machtkämpfen handeln, auf die Unterdrückung des menschlichen Leibes zurückzuführen."* [55]
*Norman O. Brown*

Wie am Anfang schon erwähnt, beinhaltet die Geringschätzung des Irdischen zugleich die Verachtung der Frau und unserer Sexualität. Die Vergewaltigung von „Mutter Erde" im Namen des Wachstumszwanges ist nur eine moderne Ausprägung einer uralten Psychose. Einer Psychose, in der das männliche Bewusstsein den „weiblichen", d. h. irdischen Aspekt des Lebens zurückweist und ihm seinen göttlichen Status abspricht.

Die Zurückweisung der Verbundenheit mit der „großen Mutter" ist offenbar ein geistesgeschichtliches Geburtstrauma: die Vertreibung aus dem Schoß der Mutter Natur, der Bruch mit dem „paradiesisch" genannten Geisteszustand, in dem wir die Verbundenheit unseres Bewusstseins mit allem Seienden erfuhren. Ein Zustand ohne Angst und Separation, in dem Subjekt und Objekt als Eines erlebt werden. Eine Erfahrung, die jeder auf individueller Ebene als Geburtstrauma erlebt: die Vertreibung aus dem Paradies des pränatalen Zustandes.

Geld ist das Symbol der Kultur und des Schrittes, die Natur zu unterwerfen. Es ist Symbol für ein herrisches Bewusstsein, das Macht und Kontrolle über das Weibliche, über die Sexualität, das Vergängliche und das Leben schlechthin ausüben möchte und welches das Göttliche ins Abstrakte und Jenseitige verbannt hat. Geld ist darum sowohl Mittel als auch Symbol der Trennung von der Erfahrung einer Verbundenheit mit dem Leben. Wie Bernard A. Lietaer in „Mythos Geld" zeigt, ist das hortbare Geld immer in Erscheinung getreten, wenn der Archetyp der „großen Mutter" unterdrückt wurde. Das herrschende Glaubenssystem, das auf dem hortbaren Geld aufgebaut ist, kann daher nahtlos in die Reihe der patriarchalen, frauen- und sexualunterdrückenden Religionen eingereiht werden, deren lebensverachtende Weltsichten schon so viel Leid in der Menschheitsgeschichte verbreitet haben.

## Die Unterdrückung des Weiblichen und der Sexualität

*„Eva, zum Kindergebären verdammt und nicht mit der Mutterschaft gesegnet (wie die unbefleckte Maria), wurde mit der Natur identifiziert, eine Form niedriger Materie, die die Seele des Mannes die geistige Leiter hinunterzerrt. In Fäkalien und Urin der Geburt – so Augustinus' Ausspruch – zeigt sich die Nähe der Frau zu allem, was niedrig, gemein, verderbt und körperlich ist, in konzentrierter Form; der ‚Fluch' der Menstruation machte sie den Tieren ähnlich; die Verlockungen ihrer Schönheit waren nichts als ein Aspekt des Todes, den ihre Verführung Adams mit sich gebracht hatte."*
*Marina Warner* [56]

Religionen, die solchermaßen die Sexualität und die Frau denunzieren, erniedrigen den Menschen. Sie denunzieren die Liebe zu uns selbst und zu unserem Körper. Sie ächten die Ekstase des

Aufgebens unserer Kontrolle und der mystischen Wiedervereinigung von Männlichem und Weiblichem. Sie denunzieren
unsere tiefste Sehnsucht nach Auflösung der Separation von
Körper und Geist. Sie verhindern damit die Kultivierung der
Erinnerung, dass wir eigentlich Eines sind. Sie sind Kränkungen
unserer tiefsten Liebe zu uns selbst und treiben einen Keil in die
Beziehung zwischen Mann und Frau.

Religionen, die solchermaßen die Selbstunterdrückung pre-
digen, *erzeugen* die Separation von uns selbst. Sie *erzeugen* die
Hölle, von der sie uns angeblich erlösen möchten. Denn die
Ächtung der Sexualität ist ein sehr effektiver Weg, um Menschen von sich selbst zu separieren. Sie schaffen damit ein Klima
der Schuld und der Scham und damit die Voraussetzung, um
Kontrolle über die Menschen ausüben können.

Die patriarchalen Religionen beschreiben darum das Göttliche immer als eine Herrscherprojektion. Einen nichtirdischen,
unsterblichen, omnipotenten, abstrakten, d. h. jenseitigen Pa-
triarchen. Man beachte die Übereinstimmung dieser Merkmale
mit den Merkmalen unseres Geldes!

Das Göttliche wurde so vom Mann als Widerspruch zum
Irdischen in Position gebracht. Der Teufel lebt schließlich laut
der christlichen Vorstellungswelt im Innern der Erde, während
der gute Gott in einem unerreichbaren, jenseitigen Himmel lebt.
Somit ist das Männliche geistig, gut, rein, himmlisch und göttlich, während das Weibliche körperlich, schlecht, schmutzig,
irdisch und teuflisch ist.

Während der ganzen Religions- und Geistesgeschichte der
letzten 2000 bis 3000 Jahre hatten die Männer zumindest im
Abendland ein neurotisches, d. h. ein unterdrückerisches Verhältnis zu ihrem eigenen Körper, zu ihren Gefühlen, zur Sexualität, zur Frau und zur Erde.

Die Geschichte der patriarchalischen Religionen, in deren
Umfeld unser Geld entstanden ist, ist bis auf den heutigen

Tag vom Unglück dieser lebensfeindlichen Weltanschauungen durchdrungen.

Der Verteilungskampf, den das Geldsystem initiiert, erfordert allseits eine männliche Gesinnung: wettbewerbsorientiert, kämpferisch, gewinnorientiert, stets auf die Eroberung von neuen Märkten fixiert und rücksichtslos gegen sich und andere.

„Das Weibliche" ist nur willkommen als Absatzhilfe im Wettkampf und zur Befriedigung männlicher Bedürfnisse. Weibliche Grundprinzipien sind kontraproduktiv in der Wirklichkeit des patriarchalen Gottes Mammon. Das Bewahren von Natur und Erde, von Gerechtigkeit und sozialem Ausgleich, von Unterstützung und Pflege der Beziehungen ist den Herrschaftsprinzipien des heutigen Geldsystems untergeordnet. Das „Weibliche" *scheint* das Schwache zu sein, dabei ist es das, woraus alles geboren wird, worauf alles errichtet ist und wovon alles zehrt.

## Die dialektische Bestätigung

Wir glauben im Grunde, wir seien „nur" der Körper. Wir glauben darum, dass wir sterben, wenn unser Körper stirbt. Folglich lehnen wir den Körper ab, weil wir unsere Sterblichkeit nicht akzeptieren können. Das ist das Dilemma des Menschen.

Aber durch die Abweisung der Vergänglichkeit des Körpers verhindern wir die Erfahrung der Einheit mit dem Leben –welches unsterblich ist. Die Erfahrung der Einheit mit dem unsterblichen Leben kann nur durch Hingabe an das Leben, durch das „Sterben" unserer Angst also, gemacht werden. Mythologisch wird diese Erfahrung als Vereinigung mit „der großen Mutter" beschrieben. Solange wir aber aus Angst vor dem Tode das Leben bzw. „die große Mutter" kontrollieren wollen, weisen wir die Erfahrung der Einheit mit dem Unsterblichen ab.

Die Angst vor dem Tode erzeugt also erst die Illusion der Separation vom Einen und Lebendigen und damit paradoxerweise die Illusion der Sterblichkeit des eigenen Wesens. *Der Angst zu folgen, ist unser Kardinalfehler.*

Der Geist, der seinen sterblichen Körper ablehnt, verliert sein Zuhause und lebt dann in mangelnder Selbstannahme und Verwirrung, wer er eigentlich ist. Er verliert den Kontakt mit der Schöpfung und ist mit ihr und sich in ständigem Konflikt.

Heilung von der Separation bedeutet darum Rückkehr des Bewusstseins vom Kopf in den Körper, von der Angst, was geschehen könnte, zur Hingabe an das Jetzt, vom Wort zur Stille.

*„Jeder, der die Welt erkannt hat,*
*hat den Körper gefunden.*
*Wer aber den Körper gefunden hat,*
*Der steht über der Welt."*

*Jesus, Thomasevangelium, Satz 80*

### Symbol und Wirklichkeit

Wie kam es zur Machtverschiebung, durch die das sakrale Symbol für die „große Mutter" zum Herrschaftsmittel über die Frau, den Körper und die Natur wurde? Eine Erklärung könnte sein, dass das sakrale Symbol für das „sichtbare Göttliche" selbst zum „sichtbaren Gott" (Shakespeare) wurde. Es ist also eine Verschiebung zwischen dem sakralen Wirklichen und dem sakralen Symbol geschehen.

Der sakrale Urgrund wird für gewöhnlich nicht wahrgenommen, genauso wenig wie Fische das Wasser wahrnehmen, in dem sie leben und dessen Teil sie sind. Darum haben Priester für das allzu Offensichtliche und gerade deswegen Verborgene ein Symbol erfunden, um in Erinnerung zu rufen, was vergessen wird. Doch das Vergessene wurde nicht durch das Symbol in Erinnerung gerufen, sondern das Symbol wurde selbst, gleich einer Ikone, zum Ersatzgott. Mammon wurde zum „Affen Gottes", der das Göttliche imitiert. Das Abbild wurde mächtiger als das Original, weil wir ein starkes Bedürfnis haben, „es" als Objekt kontrollierbar zu machen.

Durch diese Sinnesverwirrung, was eigentlich wirklich ist, wurde das Abbild des Göttlichen in unseren kollektiven Projektionen selbst zum Göttlichen. Auf diese Weise verleugnet und verneint das Abbild das eigentliche Göttliche und setzt sich an seine Stelle: das Abbild wird zum Götzen.

Die spirituelle Schuld, die das *Abbild* des Göttlichen (Geld) darum auf sich zieht, liegt im anmaßenden Herrschaftsanspruch des Symbols über das Original. Der Diener wurde zum Herren. Die spirituelle Schuld besteht in der Unterdrückung und der Ignoranz für das Leben, das ist und das wir auch sind. Es ist diese Urschuld, die im Symbol Geld selbst manifestiert ist. Als solches spiegelt unser Glauben an die Wirklichkeit des Symbols nur den allgemeinen Zustand der Verwirrung, der Verneinung und des Vergessens, was wir eigentlich sind, wider.

# Kap. VI
# Urschuld und Entstehung des Egos

*Once I was in the shadow*
*of my denied light.*
*I <u>thought</u>, I was the shadow,*
*– and through that! I gave him my might*
*so I re-created the shadow,*
*because I re-denied my light.*

*What an everlasting nightmare!*

*The shadow is lying,*
*it pretends to look for the light,*
*it keeps me running,*
*so I miss, that I am the ONE,*
*who is the right.*

*How should a shadow ever see the sun?*

*Yoshi*

„Die Schuld besteht darin, dass du glaubst, dich vom Einen getrennt zu haben."

„In jedem Fall geht es darum, diese Urschuld – eigentlich der Kern von Schuld – wieder zugänglich zu machen und sich von den gesamten peripheren Konzepten, an denen sich Schuld immer festmacht, zu trennen, damit die Urschuld, die als Schuld dem Selbst gegenüber erscheint, auftauchen und in Hingabe verbrennen kann.

Ich würde sagen, dass sich jede Ego-Struktur auf Schuld aufbaut. Von daher gesehen ist die Ego-Struktur von sich aus – egal, wie sie nach außen erscheint – immer auf Schwächung, auf einer selbstzerstörerischen Grundlage aufgebaut, denn sie funktioniert dann so,

*dass der Versuch unternommen wird, diese Schuld zu kompensieren*
*oder ihr auszuweichen."*

Om C. *Parkin* [57]

Im vorangegangenen Kapitel versuchte ich, an die Ursachen der
Erfahrung der spirituellen Schuld, die Geld offenbar repräsentiert, heranzuführen. Om C. Parkin fasste es oben so zusammen: *„Die Schuld besteht darin, dass du glaubst, dich vom Einen*
*getrennt zu haben."*
Die Erfahrung der Trennung vom Einen ist die Folge einer
schmerzhaften Verneinung unseres Einsseins. Es ist darum in
unseren Händen, diese Trennung aufzulösen.
Ich möchte nun genauer versuchen zu skizzieren, wie aus meiner
Sicht die Illusion der Separation von Geist und Körper, das
s. g. „Ego" in uns entstanden ist, welche Probleme entstehen,
mit dieser Illusion identifiziert zu sein, um dann einen Bogen
zwischen Ego, Schuld und Geld zu spannen. Schließlich werde
ich versuchen, aufzuzeigen, wie wir die Verwirrung und die
„spirituelle Verschuldung" überwinden könnten.

### Der Schock der frühen Kränkung

*„As soon as you're born they make you feel small*
*By giving you no time instead of it all*
*Till the pain is so big you feel nothing at all*
*A working class hero is something to be*
*A working class hero is something to be"*

John Lennon

Ich las einmal eine Statistik über die Kommunikation von Eltern mit Kleinkindern. Sie bestand zu 70 % aus Zurechtweisun-
gen. Die überwiegenden Botschaften an das Kind waren also: „So

wie du bist, bist du nicht gut genug." Physische und psychische Kränkungen sind in der Erziehung eher die Regel als die Ausnahme. Schon alleine das Wort „Erziehung" ist von jeher mit Vorstellungen von „Zucht" verbunden, die dem Erwachsenen das Recht zumisst, über das Kind zu verfügen, und das heißt oftmals, seine Integrität zu verletzen. Nicht selten glauben Eltern sogar, dass dies wichtig sei, um „gute" Menschen zu „schaffen". Wir lernen von Kind auf, dass Wertschätzung und Liebe mit Anpassung „verdient" werden muss, dass also Liebe im Grunde ein Geschäft ist.

Dies ist eine Kränkung, die jeder auf individuelle Weise erfahren musste. Jeder hat eine ganz persönliche „Kränkungsgeschichte" für seine Reise durch das Leben erhalten. Wir tragen so das Gefühl der Abwertung unseres Seins durch unser ganzes Leben. Es ist das Kreuz der Kränkung des „heiligen Kindes", das jeder auf sich geladen bekam.

Das, was wir *sind,* erhält keine Wertschätzung. Nur das, was wir *tun*, schenkt uns Wertschätzung. Erst müssen wir etwas geleistet haben, dann haben wir Wertschätzung und Liebe *verdient*. Wir wissen im Innersten, dass dies eine Abwertung und Kränkung dessen ist, *was* wir *sind.*

Unser Sein ist noch nicht einmal Gegenstand der Ablehnung; es existiert nicht, denn es ist Gegenstand der Ignoranz. Liebe und Akzeptanz müssen stattdessen durch Leistung, durch äußere Wertmaßstäbe, wie z. B. Geld, verdient werden. Schließlich verinnerlichen wir die Abwertung und die Ignoranz; sie wird Teil der Vorstellungen von uns selbst. Selbst die Kränkung, die diese Ignoranz erzeugt, existiert ebenfalls nicht, denn sie ist nicht bewusst.

Darum tun wir alles, was von uns gefordert wird, weil wir nach etwas heischen, das uns verspricht, zurückzugeben, wovon wir *glauben*, dass es uns weggenommen wurde: unser Selbstwertgefühl. Das Gefühl der Wertlosigkeit ist wesentlich, um

Kontrolle ausüben zu können. Denn wer sich wertlos fühlt, ist leicht lenkbar durch Versprechungen auf Anerkennung.

Wer seinen inneren Wert verloren hat, der sucht ihn außen. Wer sein „heiliges" Kind verloren hat, der ist süchtig nach äußerer Wertschätzung. Es sind ja stets die Gekränkten und Entehrten, die leichte Beute für Heilsversprechungen werden. Es sind die im Herzen „Harten", die die Diktaturen errichten.

Machtsysteme benutzen darum folgende Strategie:

1.  Die Kränkung und damit Separation des Individuums von sich selbst (gerne von Kind auf).
2.  Ein System, das Anpassung an die Forderungen der Macht mit Anerkennung belohnt.

Mit anderen Worten: Machtsysteme kränken unseren Selbstwert und versprechen uns dann Anerkennung, wenn wir tun, was sie wollen. Doch die Einlösung des Versprechens findet nie statt. Das Versprechen war nur ein Mittel der Machtausübung.

Durch alle Zeiten erfuhren Menschen durch kulturelle und religiöse „Erziehung" ihre innewohnende Wertlosigkeit. Wer auf solche Weise gekränkt, beschämt und mit Wertlosigkeit beladen wurde, ist ein „guter", d. h. folgsamer Mensch und leicht durch Anerkennung zu manipulieren, denn er hat den Kontakt zu seinem Zentrum verloren. Doch diese Herabwürdigung und Kränkung des Selbstgefühls des Einzelnen, die in der gesamten Zivilisationsgeschichte eine wichtige Voraussetzung für Machtausübung war, schuf einen „kranken" Menschen.

Die lange Geschichte der Kränkungen, sei es durch Kriege, Unterdrückung, Ausbeutung, religiöse oder politische Indoktrination oder schlichte „Erziehung", schuf einen von sich selbst separierten Menschen, der seinen natürlichen, liebevollen Seinszustand vergessen hat und der, verloren in seiner Verwirrung, wer er eigentlich ist, dauernd nach neuen Glücksversprechen greift.

Diese Kränkung ist eine vererbliche Krankheit: gekränkte Eltern kränken ihre Kinder, die ihrerseits kränkende Eltern werden. Geblendete blenden und Gekränkte kränken. Von einer Generation zur nächsten. Kränkungen wurden so zur Zivilisationskrankheit der Menschheit.

## Die Schutzreaktion: Verstecken

Der Schmerz über die Verletzung führt zu einer reflexartigen Schutzreaktion des Kindes: Der Schmerz über die zurückgewiesene Liebe wird eingeschlossen, weil er zu mächtig erscheint, um gefühlt zu werden.

Wie auch immer die Kränkungsgeschichte stattgefunden hat; der Körper und der Geist verspannen sich, gehen in Hab-Acht-Stellung. Das Kind lernt, eine Verteidigung aufzubauen, denn es hat Angst vor dem Schmerz weiterer Kränkungen. Dieser emotionale Schutz scheint notwendig, damit unser Herz nicht bricht, doch birgt er zugleich eine große Gefahr. Wer den Schmerz versiegelt, versiegelt auch seine Liebe. Beide kommen aus derselben Quelle.

Der freie Fluss der Lebens- und Liebesenergien durch unseren Körper wird gestockt. Es gibt „Widerstandsnester" in unserem Körper, chronische Verspannungen, Blockierungen, um nicht fühlen zu müssen, was gefühlt werden möchte. Wir bauen, wie Reich es nannte, einen emotionellen „Panzer" auf. Auch wird unser Geist verstockt und klammert sich an Ideologien bzw. Welterklärungen, die seinen emotionellen Schutz rechtfertigen.

Von nun an lebt unsere Liebe unter den Bedingungen der Angst. Wir sind verängstigte, gekränkte Kinder. Die Angst herrscht nun über unser Kind. Unser ursprünglicher, natürlicher Geisteszustand – in Liebe seiend – verschwindet, und wir tauchen ein in das dunkle Reich der Angst. Fortan verknüpfen wir Offenheit mit der Gefahr für Verletzung und Kränkung.

Liebevoll zu sein, wird aus dieser verzerrten Sicht als verachtenswürdige Schwäche gedeutet. Doch hinter der Fassade steckt doch nur die Angst und die Wut: Wir wollen uns nie wieder so minderwertig fühlen, wie damals, als unsere Liebe gekränkt wurde.

Die Angst wird nun der wirkliche Herrscher unseres Bewusstseins. Ihre Geschichten und Projektionen überfluten unseren Geist. Ein Gedanke nach dem anderen erzählt uns, was war und was geschehen könnte. Unsere persönliche „Geschichte" erinnert uns stets an das Risiko, wieder verletzt zu werden und das schmerzhafte Gefühl der Wertlosigkeit zu erfahren. Wir entwickeln daher unsere „charakteristischen" Überlebensstrategien.

Unser Sein im Hier und Jetzt versinkt unter einer ununterbrochenen Flut von Gedanken. Die chronische Angst und ihre permanenten Gedanken erzeugen eine Verzerrung unserer Wahrnehmung: Das Universum wird kalt und seelenlos, und es erscheint von uns separiert. Aber nicht das Universum ist separiert von uns, sondern wir von unserem Vertrauen in das Leben. Das permanente Rauschen der Gedanken der Angst wirkt wie ein Filter bei der Wahrnehmung der Wirklichkeit. Und da diese Angst zum unbewussten, chronischen Zustand wurde, vergaßen wir die Einheit mit dem All, weil wir es nicht mehr empfinden. Wir vergaßen die Einheit, die wir sind.

Die Angst wird zum Wächter über unser Herz und sie ist es, die den Zugang zu unserem natürlichen Sein versperrt.


## Die Maske der Persona: Schutz und Gefängnis

Aus Überlebensinstinkt folgen wir dem Rat unserer Angst. Wir verstecken uns und schützen uns vor weiteren Kränkungen, indem wir der Welt ein angepasstes „Gesicht" zeigen, eine gesellschaftliche Maske, die uns schützt. Wir verstecken hinter der Maske unsere Kränkung, unsere Verletzung, unseren

Schmerz, unser Gefühl der Wertlosigkeit – und unser eigentliches Selbst.

Wir zeigen jemanden anderen, nicht den, der wir wirklich sind.

Diese Maske, lateinisch persona, ist unser Schutz. Wir, das kindliche Sein, bauen eine Identität auf, eine gesellschaftlich angepasste Rolle, um in einer verletzenden Umgebung bestehen zu können. Die Rollenidentität gewährt Schutz, sie macht uns zu Teilnehmern der Wertvorstellungen des Kollektivs, in welchem wir leben. Außerhalb seiner Wertgemeinschaft zu stehen, ist gefährlich. Wir tun für gewöhnlich alles, um „dabei" zu sein, auch zum Preis, unser Selbst zu verraten.

Die Identität ist Teil unseres emotionellen Schutzpanzers, der verhindert, dass wir allzu viel von unseren verletzten Gefühlen verspüren. Wir verspannen nicht nur unseren Geist, sondern auch unseren Körper. Rollenidentität und Körperkontrolle geben uns das Gefühl von Sicherheit, von Unverletzlichkeit und von Akzeptanz in der Gemeinschaft.

Wer an unserer Identität kratzt, der bedroht unseren Schutz und der droht, dass wir den verdrängten Schmerz unserer ursprünglichen Kränkung wieder spüren. Der bedroht unsere Anpassung und die Sicherheit, die uns diese schenkt. Der bedroht das sichere Gefängnis, in das wir geflüchtet sind. Wir wehren uns darum gegen jeden zufälligen oder absichtlichen Versuch, der unseren Schutz in Frage stellt.

### Die permanente Kränkung

Die Story der Kränkung, die wir aus unserer Kindheit das ganze Leben lang mit uns schleppen, ist die Legitimation für den Schutz, der die Liebe, die wir sind, von Augenblick zu Augenblick zurückweist.

Wir verbergen unser „goldenes Kind", wie das Selbst auch genannt wird, in uns, weil wir Angst haben, den Schmerz der Verletzung wieder zu fühlen. Das offene und liebesfähige Kind geht in eine Art inneres Exil. Wir verstecken gekränkt unsere Liebe und unser Licht und warten auf die Erlösung; darauf, dass „jemand" anderer, der perfekte Partner oder sonst ein „äußerer" Erlöser, uns aus unserer Hölle befreit, in die wir geflüchtet sind. In dieser selbstgebastelten Hölle lebt unser „Teufelchen", das aus gekränktem Liebesschmerz dem Leben (Gott) seine Liebe verweigert, weil er sich aus dem Himmel der Liebe verstoßen fühlt. Unser kleiner „Teufel" gibt dem Leben die Schuld, dass er in der Hölle schmort und ist blind vor Schmerz für die Tatsache, dass er selbst durch die Verweigerung seiner Liebe die Kränkung permanent im Jetzt inszeniert. Er erzählt sich stattdessen die alte Geschichte seiner Kränkung stets von Neuem und wer daran Schuld hat, um seine Verweigerung zu rechtfertigen. Wir inszenieren damit den früheren Schmerz unserer Kränkung in der Gegenwart.

Wenn wir den Schmerz der Kränkung nicht annehmen, dann weisen wir unglücklicherweise auch unsere Liebe ab und verharren damit in der leidvollen Verneinung unseres „natürlichen" Seins. Der Widerstand gegen unsere Gefühle wird der Dauerzustand unseres Daseins. Der Schutz vor dem Schmerz wird zum chronischen, schmerzhaften Krampf.

Wir verharren dadurch in einem Zustand der chronischen Unterdrückung unserer Gefühle und unseres Körpers. Auf diese Weise entfremden wir uns vom Körper und seinen Gefühlen, der Mensch gerät in den neurotischen Zustand der Separation von sich selbst. Wir verlieren den Zugang zur Liebe und damit zur Quelle allen Lebens.

Die Abweisung des Körpers und des Weiblichen hängt somit mit der Abweisung des Schmerzes und des Gefühls der Wertlosigkeit zusammen. Es ist eine Strategie, um den Schmerz der Kränkung unseres Seins nicht fühlen zu müssen, denn wenn der Schmerz der Feind ist, dann wird auch der Körper zum Feind. Die Abwehrhaltung wird zum „normalen" körperlichen Zustand, die Selbstunterdrückung zum krampfhaften Schutz.

Dadurch, dass der Mensch die Kränkung nicht heilt, zwingt er sich, sie in seinem individuellen und kollektiven Schicksal immer wieder neu zu inszenieren. Unsere Geschichte mutiert zur zwangsweisen Wiederholung des verdrängten Schmerzes. Wir leben dadurch im Orbit einer sich selbst bestätigenden Selbstverneinung. Das ist Ignoranz. Das ist ein alptraumhaftes Leiden ohne Bewusstheit und ohne Ende.

Ohne Zugang zu seinem Kind-Sein, ist der Mensch nicht mehr mit der Liebe und dem wirklichen Leben verbunden. Wir sind scheinbar vom wirklichen Sein Separierte. Wir erleben uns vom Leben (der „großen Mutter") abgestoßen und benehmen uns auch dementsprechend abstoßend. Wir fühlen uns vom Leben gekränkt und fühlen uns berechtigt, auch das Leben und die Liebe zu kränken.

Wir akzeptieren mit der Zeit unseren separierten Zustand als unser neues und kaltes Zuhause und folgen Ideologien und Religionen, die unseren emotionalen Schutz intellektuell legitimieren. Wir werden dafür blind, dass *wir* selbst es sind, die sich in der chronischen Verneinung ihres natürlichen Zustandes befinden und die Liebe in uns unterdrücken. Wir vergessen, dass *wir* es sind, die das Leben abweisen, dass wir unsere Hölle schaffen und dass darum nur *wir* die Macht zur Heilung besitzen.

Nur die Erkenntnis unserer Verantwortung für unser Kind kann die Heilung ermöglichen. Da ist kein Erlöser, der den Widerstand gegen das Leben, unter dem wir leiden, für uns löst. Wer sein Kind und seine Liebe befreien möchte, der muss sich auf den Weg machen und erkennen, wie er sich eingesperrt hat. An dieser Arbeit an sich selbst führt kein Weg vorbei.

Bis dahin allerdings, d. h. bis der Schmerz das Verdrängungs-vermögen übersteigt, fallen wir erst einmal in einen dunklen Schlaf. Der Kontakt zum kindlichen, offenen Sein, das wir eigentlich sind, geht verloren.

In diesem Zustand vergessen wir unseren natürlichen Seins-zustand, man verdrängt die Kränkung, passt sich an und macht eine gute Miene zum bösen Spiel. Wir vergessen schließlich bei diesem „bösen Spiel" unser „goldenes" Kind, und wer und *wie* wir *eigentlich* sind.


## Die Geburt des Egos

*„Vergessen ist das Fundament jeglicher Schuld. Das Vergessen hat selbstverständlich auch die Schuld selber vergessen. Vergessen ist der Moment des Sündenfalls, indem du dich selbst vergessen hast. Du hast vergessen, wer du bist. Du hast die Wahrheit deiner selbst vergessen, du hast alles vergessen. Du bist in einen Traum gefallen."[58]*

Om C. Parkin

Wir haben nun nicht nur unser natürliches Sein vergessen, wir haben auch vergessen, *dass* wir vergessen haben. Unter diesem unglücklichen Umstand *identifizieren* wir uns mit unserem Selbstbild und mit unserem emotionellen Schutz. Wir *identifizieren* uns somit mit dem Geisteszustand unserer Selbstverneinung und mit unserer Separation!

Der Zustand, in den wir geflüchtet sind, um uns vor dem Schmerz der Kränkung zu schützen, wird nicht mehr wahrgenommen, weil er zum chronischen Zustand geworden ist. Wir glauben nun, dies sei unser *normaler* Zustand. Wir verwechseln unser „normales", gekränktes Sein mit unserem natürlichen Sein. Es verharrt nun in seiner Verhärtung, weil es glaubt, dass

122

es die Verhärtung *ist*. Unser Bewusstsein kennt nichts mehr, womit es seinen kranken Zustand abgleichen kann, da alle anderen in seiner Umgebung in dasselbe Drama verwickelt sind und dasselbe Spielchen spielen.

Das ist im Grunde unser dramatisches, existentielles Missverständnis: Wir glauben, ein Zustand zu sein, der in Wahrheit unser *natürliches* Sein unterdrückt. Diese irrtümliche Identifikation mit unserem Leidenszustand ist der Knackpunkt, weshalb wir das Leiden nicht überwinden können und Heilung der Menschheit so utopisch erscheint, denn die Menschheit hat sich mit ihrer Selbstunterdrückung, d. h. mit ihrem Leiden identifiziert.

Die Kränkung ist wie das Sandkorn in der Muschel. Unsere Identität entwickelt sich um die Verletzung. Wir glauben, wir sind die „schöne", aber tote Perle. Doch wir sind eigentlich die lebendige Muschel. Dieses Missverständnis ist die Ursache für das menschliche Drama. Dieses Missverständnis möchte ich als die Geburt des Egos und der „Geschichte" bezeichnen, in die wir verwickelt sind. Das Ego hat kein eigenes Leben, sondern es bekommt Kraft nur von uns geliehen, *weil wir glauben, wir sind es*. Es ist aber eine irrtümliche Identifikation mit einem krankhaften Seinszustand, eine existentielle geistige Verwirrung!

Die Identifikation mit unserer Krankheit perpetuiert unser Leiden, denn wir können es nicht loslassen, ohne zu glauben, dass wir dann sterben. Darum halten wir ängstlich und krampfhaft an unserem Leiden fest. Wir glauben irrtümlich, *wir* würden sterben, weil dann unsere Identität „stirbt".

In Wirklichkeit aber würden wir endlich von der Angst befreit und geheilt werden. Da wäre nur Entspannung und Erinnerung an unser natürliches Sein, so als ob man einen alten, geliebten Freund, der viele Jahre verschollen war, wieder in seine Arme nimmt: Das Selbst, das heilige Kind, das wir sind.

Durch das Missverständnis, wer bzw. *wie* wir sind, geraten wir in einen chronisch kranken Seinszustand. Die Identifikation führt unser Leben in eine schmerzliche Illusion der Trennung vom Lebendigen, das wir sind. Diese Identifikation forciert das Drama unserer unbewussten Selbstzerstörung. Die Persona, ursprünglich ein Schutz gegen die Verletzung, wird durch die Identifikation zum Wächter und Unterdrücker unseres Seins und damit des Lebens und der Liebe.

### Der neuralgische Schmerz

*„Vergessen ist die tiefste Leidenschaft des menschlichen Geistes. Es ist dieses Vergessen, welches das Leiden aufrechterhält."*

*Om C. Parkin*

Wir spüren, dass wir etwas verloren haben und beginnen zu suchen, haben aber vergessen, was es ist. Da wir Angst haben, unsere Identität zu verlieren, möchten wir *eigentlich gar nicht wirklich wissen*, was es ist, das wir suchen. Wir fühlen den Mangel unserer versiegelten Quelle, haben aber gleichzeitig Angst, den Zustand loszulassen, mit dem wir uns identifiziert haben, da er uns Schutz gewährt. Wir wollen unsere Identität und unseren Schutz festhalten und *gleichzeitig* unser verlorenes Glück der Einheit mit uns selbst wiederfinden. Doch beides zusammen geht nicht.

Glück und Ego schließen sich aus. Oder wie Buddha sagte: Das Leben in der Illusion der Separation bedeutet Leiden. Wir geraten deshalb in einen neuralgischen Schmerz, in eine chronische Spannung zwischen dem Wunsch nach Sicherheit und dem Wunsch nach Liebe. Ein Kampf, bei dem wir einmal der Angst folgen und uns verschließen und ein anderes Mal der Sehnsucht nach Freiheit folgen und uns mutig der Liebe öffnen.

## Der Selbstbetrug

Da wir es schwer haben, uns zu entscheiden, helfen wir uns stattdessen mit einem Selbstbetrug. Wir tun so, als ob wir nach dem Glück suchen und vertrösten unser inneres Kind mit Versprechungen auf eine spätere Erlösung: Wenn diese und jene Bedingung erfüllt ist, *dann* ... kommt das Glück. Auf diese Weise können wir zwischenzeitlich ein Leben in scheinbarer Sicherheit und in der Illusion unserer Identität weiterführen.

Wir schieben die Heilung und damit unser Glück auf die lange Bank. Unser Leben steht nun im Zeichen unseres Selbstbetruges und im Zeichen einer langen Suche nach dem Glück *außerhalb* von uns, das aber per Definition nie gefunden wird. Solange wir das Glück außerhalb von uns suchen, können wir es innen nicht finden und solange brauchen wir auch unsere Identität und unseren Schutz nicht aufzugeben.

Die äußere Suche ist eine uneingestandene Strategie der Flucht und im Grunde ein Verrat an unserem eigentlichen Selbst – und damit an unserem Glück. Wir halten diese Strategie so lange aufrecht, bis der Schmerz über unseren verlorenen Kontakt zu unserem Selbst sich allzu deutlich in uns und in unseren Beziehungen zu anderen widerspiegelt. Erst wenn das Leiden groß genug ist, dass es unerträglich ist, fangen wir gezwungenermaßen an, ehrlich zu uns zu werden und die Reise zurück zu unserem wirklichen Sein zu unternehmen.

Die meisten Menschen wagen es nicht, sich des Betruges bewusst zu werden, da ihre Identität in Gefahr wäre. Sie halten ihr ganzes Leben an ihrem Schutz und ihrem Selbstbetrug fest, weil die Angst vor dem Verlust ihrer Illusion und der Wunsch nach Sicherheit größer ist als die Sehnsucht nach Befreiung ihrer Liebe.

„Vielleicht bekomme ich ja in einem weiteren Leben noch einmal eine Chance, um meine Aufgabe zu erledigen." „Dieses

Glück ist nicht für mich, nicht jetzt und nicht hier. Später vielleicht usw." So oder ähnlich denken wohl viele. Und so schieben sie die Aufgabe ihres Lebens auf die sehr lange Bank vieler Wiedergeburten.

Irgendwo ahnen wir unseren Selbstbetrug. Doch letztlich wollen wir den Betrug an unserem inneren Kind vor uns selbst verschleiern. Wir verdrängen, so gut wir können. Unsere falsche Identität tut alles, um den Selbstbetrug zu verschleiern, damit seine illusionäre Existenz nicht enthüllt wird. Falls uns bewusst würde, was wir mit uns tun, dann wäre die Trauer groß. Die Angst vor dem Erinnerungsschmerz ist der Wächter vor dem Tor unseres selbstverschuldeten Gefängnisses.

### Die Schuld an der Separation

*„If the ego is the symbol of the separation, it is also the symbol of guilt. Guilt is more than merely not of God. It is the symbol of attack on God … If you identify with the ego, you must perceive yourself as guilty."*

*Auszug aus „A course in miracles"* [59]

Die Identifikation mit dem Ego bedeutet unbewusst die Verneinung des wirklichen Selbst. Zu glauben, das Ego zu sein, bedeutet, sein Selbst zu verleugnen oder es zumindest zu vergessen. Daraus folgt ein Schuldgefühl gegenüber unserem Selbst für diesen „bösen" Akt.

Die pein-liche Wahrheit ist ja diese: Wir müssen an der Selbstablehnung festhalten, um die Illusion der Trennung aufrecht zu erhalten. Das ist der Deal, den wir mit uns gemacht haben und es ist nichts falsch daran, nur schmerzhaft.

Die Selbstverneinung ist unsere heimliche, schuldbesetzte Sucht. Letztlich sind wir nach dem Leiden süchtig, um „unsere" Geschichte der Suche von einem „Jemand" nach sich selbst erleben zu können. Unsere falsche Identität ist unsere heimliche, schuldhafte Leidenschaft, die unser Leiden erschafft. Die Schuld an der Verneinung unseres Selbstes ist das große Geheimnis des Egos. Das Ego will auf keinen Fall, dass sie uns in seiner vollen Breite zu Bewusstsein gelangt.

Doch unser inneres Kind, unser höheres Selbst, unser natürliches Sein, unser Heiliges – man nenne es, wie man will – weiß, was wir tun. Das Bewusstsein kann nur mit großer Mühe die Wahrheit vor sich selbst verbergen. Und es ist sehr gut darin! In der Tiefe unseres Bewusstseins ist das Wissen, wer wir eigentlich sind, aber immer vorhanden. Wir ahnen unbewusst, dass wir schuldig an unserem Leiden sind, d. h., dass wir Verantwortung dafür tragen. Der Mensch hat darum ein heimliches, verdrängtes Schuldgefühl gegenüber seinem Selbst für den Betrug, den er zu sein gewählt hat. Er hat insgeheim ein schlechtes Gewissen für das böse Spiel, das er mit seinem heiligen Kind spielt. Wer glaubt, sein normaler Zustand sei Separation von der Liebe, macht sich des Verrates am Selbst schuldig.

*Schuldgefühl und Ego-Identität sind darum zwei Seiten derselben Medaille.*

Die Verantwortung für unsere Separation ist unsere tiefste Scham und unser meist gehütetes Geheimnis. Es ist unsere größte Angst, dieser Schuld bewusst zu werden, denn dann wäre es nicht mehr länger möglich, die Separation vor uns zu rechtfertigen. Es müssen darum immer andere Schuld an unserem Leiden haben. Sich selbst um die Erkenntnis der Verantwortung für sein Leiden zu betrügen, ist daher Voraussetzung für die illusionäre Existenz als Ego. Die Verleugnung der Schuld wird zur existentiellen Notwendigkeit, um das Leben in der Separation aufrechtzuerhalten.

## Die Angst vor der Anerkennung

*„The darkest of your hidden cornerstones holds your belief in guilt from your awareness. For in that dark and secret place is the realisation that you have betrayed Gods Son by condemning him to death. …*

*To the ego, the guiltless are guilty …They have approached the darkest and deepest cornerstone in the egos foundation, and while the ego can withstand your raising all else to question, it guards this one secret with its life, for its existence depends on keeping this secret.“*

*A course in miracles T-13.II.3*

Die Anerkennung der Schuld würde bedeuten, dass wir die Illusion unserer Identität auch anerkennen. Die Schuld zu erkennen, hieße, das Ego zu erkennen. Und wer es erkennt, der ist von der Identifikation mit ihm befreit und automatisch auch von der Schuld.

Die Schuld anzuerkennen, ist darum irrtümlich mit einer Existenzangst verknüpft. Es würde den Tod bedeuten, sagt unsere Identität. Doch in Wahrheit bedeutet es nur das Ende einer irrtümlichen Identifikation.

Somit ist die Anerkennung der Schuld und die volle Übernahme jeglicher Verantwortung der wichtigste Schritt, den unser Bewusstsein tun muss, um sich selbst heilen zu können und zugleich der schwierigste. Es bedeutet, dass wir die Verantwortung wieder selbst übernehmen und anerkennen, dass wir und nur wir für die Befreiung unseres inneren Kindes verantwortlich sein können. Das ist ein sehr radikaler und mutiger Schritt.

Die Angst vor der Schuldanerkennung ist der Drachen vor dem Gefängnis, aus welchem die Schönheit – unser inneres Kind – befreit werden möchte. Wir brauchen darum ritterlichen Mut, um der existentiellen Angst vor dem Ende unserer

Identität zu begegnen. Wir brauchen Mut zur Ehrlichkeit, um den Selbstbetrug, der unsere Identität ermöglichte, in Liebe auflösen zu können.

Wer wieder „bei sich" zu Hause ist und wieder in Kontakt mit seinem Selbst ist, der hat sich aus der Schuld entlassen. Die Realisation unseres Selbstes befreit unsere Liebe und macht uns wieder unschuldig.

## Schuld, Urteil und Verantwortung

*„Der gesamte Kampf des Menschen besteht darin, dieser Schuld auf irgendeine Art und Weise entgegenzuwirken, ihr zu begegnen, mit ihr umzugehen und sie so zu manipulieren, dass sie nicht in ihrem Kern im Bewusstsein erscheint, denn sie scheint unerträglich zu sein. Die Spirale dreht sich weiter und weiter."*

*Om C. Parkin*

Die Verdrängung der Verantwortung für unseren Selbstbetrug hindert uns daran zu erkennen, was es eigentlich ist, dessen wir uns schuldig fühlen. Und gerade dadurch können wir uns auch nicht vergeben. Wir können uns nur vergeben, was uns ins Bewusstsein gelangt ist. Und solange wir uns nicht vergeben können, verbleiben wir unbewusst in Schuld. Wir drehen uns in einem Teufelskreis.

Das entscheidende Problem ist, dass wir ein Urteil über unsere Verantwortung ausgesprochen haben. Schuld ist Verantwortung plus Urteil. Das Urteil über unsere Verantwortung verhindert, dass sie in unserem Bewusstsein erscheinen kann. Das Urteil führt zu einer Verleugnung und Verdrängung unserer Verantwortung. Dadurch verhindern wir die Erkenntnis, worin die Selbstverneinung besteht. Das Urteil verhindert somit das Erwachen aus der Illusion der Separation und sorgt für die

Entstehung neuer Schuld. Wir sind dadurch in unserer Selbstverneinung gefangen. Durch das Urteil über unseren Verrat am Selbst haben wir den Schlüssel zur Heilung unserer Verwirrung weggeworfen. Wir verharren dadurch in unserer Kränkung, weil das Urteil die Bewusstwerdung und damit die Genesung verhindert. Das Urteil verurteilt den Menschen dazu, ein Leben lang (viele Leben?) unbewusst im Schmerz der Separation zu verbleiben. Auf diese Weise bewirkt das Urteil, dass das Leben in der Separation zur selbstauferlegten Strafzeit wird.

Das Urteil über den Verrat am Selbst wird somit paradoxerweise zum größten Hindernis, um den Verrat zu beenden.

Das Urteil ist damit die Voraussetzung, um der Geschichte des Egos eine Dauer zu geben. Dieses Urteil bildet das Fundament des Egos. Die elementare Furcht des Egos ist es, sich dieses Urteils bewusst zu werden. Das Urteil ist das, woran der Mensch festgehalten hat, um ein „Jemand" zu verbleiben. Das Urteil ur-teilt den Menschen, separiert ihn von der allumfassenden Liebe, die (er) ist.

Nur bedingungslose Selbstvergebung kann uns folglich aus dem Teufelskreis des Urteilens herausführen. Sobald wir aufhören, uns für das, was wir getan haben, zu urteilen, kann auch die Ur-Teilung, d. h. die Separation heilen. Letztlich ist die Verurteilung eine Reaktion des Egos und nicht die unseres natürlichen Seins. Das höhere Selbst kennt keine Schuld an der Separation, denn es weiß schon immer, dass die Separation nur eine Illusion ist.

Durch die Verleugnung der Verantwortung hingegen verurteilen wir uns unbewusst zu einem Leben in Leid und wachsender Schuld (auffallend hier die Parallele zum Zinssystem). Das Urteil über unsere Verantwortung und die folgende Verdrängung des Schuldgefühls ist darum eine Strategie des Egos, um seine illusionäre Existenz aufrechterhalten zu können. Das Ego definiert sich durch das Leiden in der Separation und es hat Angst, das Leiden aufzugeben, denn dann müsste es auch sich selbst aufgeben.

Dass Geld Teil dieser Strategie ist, habe ich bereits erwähnt. Geld ist verdrängte Schuld. Es ist die veräußerte Verantwortung und die abgegebene Macht über unser Leben an diejenigen, die unsere kollektive Schuldanerkennung akkumulieren.

Das Verdrängte manifestiert sich in einer kollektiven Projektion, die auf diese Weise zwar unbewusst angenommen werden kann, aber dennoch *nicht bewusst in seiner existentiellen Tiefe* erkannt werden braucht. Wir liegen also noch mindestens eine Schicht vor dem Durchbrechen durch die Eisdecke der Verdrängung an das Tageslicht des selbsterkennenden Bewusstseins.


## Sühnezeit, Schulddienst und Geld

*„Geld ist menschliche Schuld, deren Schlacke hinweggeläutert worden ist, bis es ein reines Kristall der Selbstbestrafung wird; aber es bleibt unrein, weil es Schuld bleibt."*

*Norman O. Brown* [60]

Nach C. G. Jungs Lehren entspricht die goldene oder silberne Münze der Form eines Mandalas und gilt damit als archetypisches Symbol für das Selbst. Die Schuld für den Verrat am Selbst soll durch ein Opfer an das Symbol des Selbst bezahlt werden. Handel betreiben heißt darum, den Göttern (dem projizierten höheren Selbst) die Schuld gegen Opfergaben abzukaufen. Es ist ein Deal mit uns selbst. Das Ego versucht, mit dem Selbst ein Übereinkommen zu arrangieren, nach dem Motto: Was ich dir antue, das tue ich auch mir an. Im Unterbewussten glaubt es, dass ein Leid das andere kompensieren kann.

Durch das Leben in einem erdrückenden Schuldendienst versuchen wir daher in einem Akt von unbewusster Selbstbestrafung, unser kollektives schlechtes Gewissen zu erleichtern. Der Schuldendienst ist letztlich eine Strafe oder ein Opfer, das wir uns freiwillig auferlegen, weil wir damit hoffen, unsere Schuld gegenüber unserem Selbst bezahlen zu können. Unser sakrales Opfer ist das „freiwillige" Leiden, mit dem wir den Verrat am Selbst bezahlen wollen. Die Schuld ist ein Urteil und es muss daher gesühnt werden.

Geld hat darum eine wichtige Funktion in der „Hygiene" der kollektiven menschlichen Psyche: es soll die „schmutzige" Schuld am Selbst bezahlen. Aus dieser Perspektive macht die psychoanalytische Erkenntnis, dass Geld Kot symbolisiert, einen Sinn, denn es repräsentiert den heimlichen Schmutz unseres unreinen Gewissens.

Die Opferung ist ein dunkler Akt in unserem Bewusstsein. Wir opfern nämlich einer Schuld, der wir uns nicht bewusst werden wollen. Es ist darum ein unheilvolles Geschäft. Lieber sühnen wir unbewusst im Schuldendienst und bringen Opfer an das nach außen projizierte Symbol des inneren Heiligen dar, als die Schuld in radikaler Klarheit in unserem Bewusstsein erscheinen zu lassen.

Es ist offenbar billiger zu sühnen und zu leiden, als bewusst zu werden. Wir ziehen das Leiden der Selbsterkenntnis vor. Leiden ist viel leichter zu ertragen, als die Erkenntnis der illusionären Natur unserer Identität. Das Leiden im unbewussten Schuldendienst ist somit der Deal des Egos mit dem Selbst, um sich seine Existenz zu erkaufen.

Doch ahnen wir, dass das Opfer ein „unsauberes Geschäft" ist (weshalb Geld „stinkt"), mit welchem wir uns vorgaukeln wollen, dass die heimliche Schuld an das Selbst bezahlt werden könnte und das Ego bei dem Handel mit dem Selbst quitt, also schuldlos wird. Die Bereicherung am Ablasshandel mit der Ursünde kann aber niemals das Ziel des Selbstes sein. Es ist vielmehr das Ziel von sehr schlauen Egos, die das tiefe Bedürfnis der Menschen nach selbstbetrügerischer Schuldsanierung zur Machtausübung auszunutzen wissen.

Im Innersten wissen wir jedoch, dass das Selbst unbestechlich ist. Sein höchstes Ziel ist und verbleibt unsere Befreiung von der Identifikation mit dem illusionären Ego. Die Sühnezeit im kollektiven Schuldendienst ist daher ein einseitiger, unbeantworteter Deal mit unserem Gewissen, wegen der Illusion, dass das Opfer vom Selbst angenommen würde. Das Opfer wird aber abgelehnt, denn unser höchstes Selbst ist niemals käuflich. Es sehnt sich danach, die Freiheit, die es ist, zu manifestieren. Das Opfer ist zu billig, und sei es noch so groß, denn die Schuld ist nicht verhandelbar. Das Göttliche prostituiert sich nicht. Unsere tiefste Sehnsucht nach Freiheit, Liebe und Wahrhaftigkeit kann niemals gekauft werden. Es gibt einen Ort in unserem Inneren, wo dieses Wissen von jedem gefühlt werden kann.

Die Schuld kann vom Ego nicht bezahlt werden und akkumuliert sich darum ins Unerträgliche. Die Zeit in der Illusion der Separation ist darum Sühnezeit und Leidenszeit. Sühnezeit ist die Zeit zwischen Verdrängung und Anerkennung, zwischen Vergessen und Erinnern, zwischen Ignoranz und Erwachen. Das zunehmende Leiden in einem wuchernden Schuldendienst ist auf diese Weise unser Stachel, um die Reise nach Hause anzutreten. Der Leidensdruck zwingt uns, entweder zu Selbsterkenntnis zu gelangen oder in Ignoranz unterzugehen. Dies wird der „Kreuzweg" genannt.


**Religion, Schuld und Ego**


Religionen sind der institutionalisierte Versuch, die Schuld an unserem höheren Selbst durch Selbstbestrafung zu „bezahlen". Lust am Leben und an seinem Körper zu haben, ist daher logischerweise eine Sünde. Leiden und Selbstbestrafung hingegen ist die Art und Weise, um vor Gott gerecht zu werden. Selbstunterdrückung ist aus dieser unreflektierten Sicht des Egos der Weg, um Gottes Urteil für die Erbsünde der Separation zu mildern.

Die Methode der Selbstunterdrückung zur Schuldsanierung vertieft natürlich die Kluft der Separation von Geist und Körper, anstatt sie zu überwinden. Ihr Heilkonzept verschlimmert in Wirklichkeit die Krankheit, ihre Kur ist ein Gift, das die Krankheit, von der sie uns zu erlösen versprechen, verschlimmert. Wir sehen das Resultat ihrer „Heilungsversuche" an ihren Früchten: Die grausamsten Kriege waren und sind immer Religionskriege gewesen, ausgeführt von fanatischen, kaltherzigen, von sich, ihrem Körper und ihrer Liebe separierten Menschen.

Was diese Heilslehren in ihrem blinden Eifer gegen den Körper nicht erkennen, ist, dass die Separation von Körper und Geist erst „überwunden" wird, wenn wir sie zu Einem machen. Wir überwinden den sündigen Fall aus der Einheit mit Gott *„Wenn ihr zwei zu eins macht, und wenn ihr das Innere wie das Äußere und das Äußere wie das Innere und das Göttliche wie das Irdische macht, und ihr das Männliche und das Weibliche zu einer Einheit macht",* wie Jesus es ausdrückte. Transformation benötigt Integration und nicht Separation.

## Das Symbol der Kreuzigung – Mahnmal zur Erinnerung an das verdrängte Drama

*Wenn die, die euch leiten, euch sagen:*
*„Seht, das Reich ist im Himmel",*
*so werden die Vögel des Himmels euch zuvorkommen.*
*Und wenn sie euch sagen:*
*„Es ist im Meer"*
*so werden die Fische euch zuvorkommen.*
*Das Reich ist vielmehr in eurem „Innen"*

*Und eurem „Außen".*
*Wenn ihr euch Selbst erkennt,*
*Dann werdet ihr erkannt werden.*
*Und ihr werdet wissen,*
*Dass ihr die Söhne*
*Des lebendigen Vaters seid.*
*Wenn ihr euch aber nicht erkennt,*
*So lebt ihr in Armut,*
*Und ihr seid diese Armut.*

*Jesus, Thomasevangelium, Satz 3* [61]

Der Wert des Jesusdramas liegt in der Sichtbarmachung der Kränkung des Heiligen. Das symbolisch gekränkte und gekreuzigte Heilige hängt in der Mitte unseres Tempels und erinnert uns auf diese dramatische Weise an unser eigenes, unerledigtes Drama – das vergessene und damit gekreuzigte Heilige in unserem Herzen. Eine wirkliche Erinnerung böte die Chance, dass das Verdrängte an das Licht des Bewusstseins gelangt und unser Bewusstsein heilt und heiligt.

Es besteht aber auch die Gefahr, dass wir uns nicht zu erinnern wagen und stattdessen noch tiefer in unserer Schuldhaftigkeit versinken. Die Gefahr ist, dass wir die Erinnerung an die Verletzung des Heiligen in uns nicht als Aufforderung zur Heilung, sondern als Anklage einer äußeren Gottesprojektion betrachten. Dabei wollte Jesus durch seine Tat doch alle Schuld der Menschen auf sich nehmen, um die Menschen davon zu erlösen. Er wusste, dass die Vergebung aller Schuld Voraussetzung für eine Befreiung des Menschen ist.

Die Kirche entwickelte daraus irrtümlich die Lehre, dass Befreiung nur durch Jesus des Erlösers möglich wäre. Damit zementierten sie natürlich die Abhängigkeit ihrer Kunden, die nun glaubten, dass jemand anderer für ihre Heilung zuständig sei.

Damit wurde der Selbstbetrug des Egos institutionalisiert.

135

Selbsterkenntnis ist nun die Gnade und Befugnis einer äußeren Macht. Das Ego wird für verantwortungslos erklärt. Seine einzige Schuldigkeit ist es, der kirchlichen Autorität zu folgen, die uns auf das jenseitige Paradies vertröstet. Unsere Heilung wurde damit auf eine *sehr* lange Bank verschoben.

Natürlich war dies ganz und gar nicht die Botschaft von Jesus Christus, wie das von der Kirche ca. 300 nach Christus verbotene und 1945 wiedergefundene Thomasevangelium enthüllt. Wäre es davor entdeckt worden, dann hätte es die Kirche sicherlich verschwinden lassen. 1945 waren es glücklicherweise Wissenschaftler, die sich der Texte annahmen.

Jesus zentrale Botschaft im Thomasevangelium ist die der Selbsterkenntnis:

*„Wer das ganze All kennt und kennt sich Selbst nicht, der kennt das All nicht." (Satz 67)*
*„Der Himmel und die Erde werden sich vor euch aufrollen.*
*Und der Lebendige,*
*aus dem Lebendigen hervorgegangen,*
*wird weder Tod noch Angst sehen."*
*„Denn", sagte Jesus,*
*„wer sich selbst findet,*
*steht über der Welt." (Satz 111)*

Wir haben niemals Gott gesucht, sondern unser wirkliches Selbst. Durch Selbsterkenntnis offenbart sich ganz natürlich das Wirkliche und Allumfassende.

Jesu Botschaft war darum, dass jeder, der suchte, den Bewusstseinszustand der Einheit erreichen könnte, den er selbst auch gefunden hatte. Darin stimmte er mit anderen Erwachten, wie z. B. Buddha, Lao-tse und vielen anderen Mystikern überein, weil es eine universale Erkenntnis ist. Selbsterkenntnis ist der Wesenskern jeder Religion.

Die Botschaft der Selbstbefreiung aber konnte die Macht nicht dulden. Wer sich selbst gefunden hat, der kann nicht mehr durch leere Versprechen verführt werden. Darum wurde die Botschaft von der Befreiung durch Selbsterkenntnis von der Kirche verfolgt und das Thomasevangelium verboten.

Die Vertröstung auf eine Befreiung vom Schmerz der Separation in einem unerreichbaren Jenseits ist ein meisterhafter und perfider Betrug des Egos an unserem Selbst. Ein Ende des Leidens ist demnach erst nach dem Tode in Sicht, aber nur, falls wir der Macht folgsam waren, andernfalls droht die Hölle. Auf diese Weise betrügt man die Gläubigen, denn ihnen wird die Möglichkeit zur Befreiung im Hier und Jetzt verwehrt.

*Jesus sprach:*
*„Die Pharisäer und Schriftlehrer*
*haben die Schlüssel der Erkenntnis*
*an sich genommen und sie versteckt.*
*Weder sind sie selber eingetreten,*
*Noch haben sie die eintreten lassen,*
*die wollten.*
*Ihr aber – seid klug wie die Schlangen*
*und rein wie Tauben."*

*Thomasevangelium, Satz 39*


## Protestantismus, Kapitalismus und Schuldreligion

*„Es ist eine falsche Lehre der Kirche, dass Schuld abgetragen oder abgebaut werden kann. Tatsächlich ist es so, dass jedes Tun, um die Schuld abzutragen, nur weitere Schuld aufbaut...Wenn du deine Finger aus dem Spiel lässt, aus dem gesamten Spiel, und du bereit bist, die Schuld zu bezeugen, ohne etwas zu tun, geht sie wieder."*

*Om C. Parkin* [62]

137

Auffallend ist, dass das schuldbasierte Papiergeld zunächst in den protestantisch dominierten Ländern entstanden ist. Die katholisch dominierten Länder beäugten das Papiergeld hingegen misstrauisch und nannten es abschätzig „protestantisches Geld". Der globale Siegeszug des Kapitalismus ist ein Siegeszug des protestantischen Geistes. Max Webers bekannter Aufsatz „Die protestantische Ethik und der Geist des Kapitalismus" beleuchtet diesen Zusammenhang.

Norman O. Brown beschreibt in seinem Buch „Zukunft im Zeichen des Eros" den Zusammenhang zwischen verdrängter Schuld und dem Geist des Kapitalismus. Er sieht die Entwicklung der Zivilisation als eine Geschichte der zunehmenden Stärke des Individuums, seine Schuld anzuerkennen. Versuchten die Menschen früher mit den Göttern um ihre Schuld zu feilschen und sie durch Schuldopfer milde zu stimmen, so versucht der Katholik sich von seiner Schuld durch die Beichte und einen Ablass an die Kirche zu erleichtern. Die hauptsächliche Funktion der Kirche ist ihre Vermittlerrolle, ein Geschäft, bei dem die „schmutzige" Schuld entsorgt wurde. Sie entsorgte für den Gläubigen sein schlechtes Gewissen, wenn er nach der Beichte nur brav seinen Ablass bezahlte.

Dieses offensichtlich moralisch „schmutzige" Entsorgungsgeschäft mit unserer Schuld und der Selbstbetrug, mit dem sich die Gläubigen zufrieden geben sollten, war schließlich auch der Anlass für Martin Luther, sich gegen die katholische Kirche aufzulehnen. Der Selbstbetrug war einfach so offensichtlich, dass er einen Aufruhr des Gewissens verursachte.

Der Protestantismus ist insofern ein wichtiger Fortschritt, als hier die Schuld direkt zwischen dem Einzelnen und Gott verhandelt werden muss. Dies erfordert ein direktes Verhältnis zum eigenen Gewissen. Der Protestantismus bedeutete darum eine Stärkung des Individuums und eine Verinnerlichung moralischer Normen. Im Katholizismus hingegen wird die Schuld des Einzelnen durch die Kirche vergeben und damit ist eine größere Abhängigkeit von der kollektiven Institution Kirche gegeben. Der Protestantismus ist ein Schritt aus dem Schutz und der Geborgenheit des Kollektivs. Er fordert von dem Einzelnen eine größere Selbstverantwortung und ist von daher ein wichtiger Schritt zur Bewusstwerdung der Schuld gegenüber dem Selbst. Für Luther bedeutete dieser Schritt eine intensive Auseinandersetzung mit der heimlichen Schuld des Egos. Luther erkennt, dass eine Befreiung „von außerhalb" durch Jesus nicht möglich ist, und er schließt daraus irrtümlicherweise, dass wir dazu verdammt sind, ein Leben in ewiger Schuld zu führen.

Brown schreibt:

*„Die moderne Wirtschaft ist durch Verschlimmerung der Neurose gekennzeichnet, woraus sich gleichzeitig eine vollkommenere Darstellung der Natur der Neurose ergibt und eine vollere Wiederkehr des Verdrängten. Im archaischen Bewusstsein besteht gleichzeitig mit dem Gefühl des Verschuldetseins die Illusion, dass die Schuld bezahlt werden könnte; die Götter existieren, um die Schuld bezahlbar zu machen. Daher ist die archaische Wirtschaft eingebettet in das Religiöse, eingegrenzt durch das Gerüst der Religion und gemildert durch die Tröstungen der Religion – vor allem durch die Fortnahme der Verschuldung und der Schuld. Im modernen Bewusstsein tritt das Schuldgefühl stärker hervor, genauer: aus dem Unbewussten bricht die Einsicht durch, dass die Last der Schuld nicht gezahlt werden kann. Hier ziehen sich die Götter ins Unsichtbare zurück – Deus absconditus –, der Mensch ist bankrott.*

*So bewirkt das erhöhte Schuldgefühl die Emanzipation des wirtschaftlichen Prozesses von der göttlichen Kontrolle und den göttlichen Zielen. Die Verweltlichung der Wirtschaft zerstört die angenehme Illusion, dass Arbeit erlöse; wie Luther feststellte: der Mensch wird durch Werke nicht gerechtfertigt. Gleichzeitig wird der Zwang zu arbeiten, beibehalten und intensiviert. Das Ergebnis ist eine Wirtschaft, die durch das reine Schuldgefühl angetrieben wird, ohne irgendeine Erlösungshoffnung. Luther hat es formuliert: Der Teufel – die Schuld – ist der Fürst dieser Welt.*

*Die Illusion, dass Christus uns erlöste, ist verloren gegangen, nicht aber die Illusion, dass Adam gefallen ist – weshalb der Mensch sich selbst durch Arbeit strafen muss. Unbewusst gehorcht die Wirtschaft der Logik der Schuld.*

*Der profane ‚Rationalismus‘ und der liberale Protestantismus leugnen die Existenz des Teufels (der Schuld). Doch dies Leugnen ändert nicht die Wirtschaft, die vom Schuldgefühl getrieben wird, weil das Schuldproblem durch seine Leugnung ins Unbewusste verdrängt wurde.“* [63]

Die Schuld ist der Meister unserer Welt: Sie ist es, der wir dienen, um in der Illusion der Separation verweilen zu dürfen. Die Schuld ist, nach Luther, der „schmutzige“ Teufel, dem die Welt dient und der die Welt beherrscht.

Die weitere Stärkung des Individuums und die Verdrängung des Schuldbewusstseins in einer säkularen, aber geldfixierten Welt ist nur ein logischer weiterer Schritt auf dem Wege des menschlichen Bewusstseins, sich seiner spirituellen Schuld – und damit der Illusion seines Egos – bewusst zu werden.

Der Mammonismus als säkulare Schuldreligion ist darum eine *Weiterentwicklung* des Protestantismus. Er ist, ich möchte es betonen, eine *positive* Entwicklung, auch wenn es nicht so aussehen mag, denn es bedeutet auch eine Steigerung der Verdrängung und eine Verschlimmerung der selbstzerstörerischen Neurose. Aber je mehr das Individuum aus dem Schutz einer kollektiv organisierten Schuldbeschwichtigung heraustritt, desto größer wird die Chance, dass unabhängige Geister den mutigen Schritt tun und sich vollkommen aus der Illusion befreien, und auf diese Weise den Rest mit sich ziehen.

Religionen bieten zwar mit ihren tröstenden Ritualen und

Dogmen den Komfort der gemeinsamen Schuldbewältigung, doch in Wahrheit halten sie das menschliche Bewusstsein auf einer bewusstlosen Ebene gefangen. Der Schmerz der Separation wird durch die tröstende Gemeinsamkeit nur gemildert und das Ego durch die gemeinsam geteilte Hoffnung auf eine im Jenseits versprochene Erlösung in Ruhe gelassen. In den Kirchen finden die Egos Trost für ihre Schuld, aber sie bleiben von der therapeutisch notwendigen Konfrontation mit ihrer persönlichen Kränkungsgeschichte verschont. Es ist ja immer der „Teufel", der Schuld an den unbewusst selbstdestruktiven Mustern der Gläubigen hat. Ein *gemeinsamer* Selbstbetrug fühlt sich immer sicherer an, da man sich gegenseitig bestätigen kann.

Die Kirchen behaupten, dass die Befreiung von unserer Selbstverneinung die Angelegenheit einer externen Macht sei und veräußern dadurch unsere Verantwortung und die Möglichkeit der Heilung. Unsere Gottesprojektionen und Religionen sind somit nichts anderes als kollektive Versuche, um die Verantwortung (die Schuld) für die Illusion der Separation auf eine äußere Macht abzuschieben. Gerade *dadurch* aber halten wir das Leben in der Illusion der Separation aufrecht. Wir verleugnen durch unsere Religionen, dass wir die Verantwortung und Macht *schon immer* gehabt haben, um die Illusion der Separation zu überwinden. Wir verleugnen *mit Hilfe* unserer Gottesvorstellungen, dass jeder den Weg der Heilung in *Eigenverantwortung* gehen muss.

Mithin sind unsere Religionen ein Trick unseres Egos, um die Illusion der Separation vom Einen aufrechtzuerhalten. Religionen verhindern aktiv die Wiedervereinigung mit dem Selbst. Wir bevorzugen, im Sühnedienst unserer Schuld(en) zu leben, zu dem wir uns selbst – via unsere Gottesprojektionen – verdammt haben, als die Verantwortung zur Heilung unseres Bewusstseins anzuerkennen. Wie schon gesagt: Leiden ist für das Ego billiger, als der Verneinung des Selbstes bewusst zu werden.

Das Schuldgeld ist aus der historischen Perspektive somit nur ein weiterer Trick des Bewusstseins, um die Verantwortung und somit die Schuld für die Separation nach außen abzuwälzen. Mammon, gleich anderer Gottesprojektionen, ist eine Verleugnungsstrategie unserer Verantwortung. Es ist nur eine säkularisierte Form eines sehr alten Problems des Egos, mit seiner Schuld umzugehen.

Die Kultur- und Religionsgeschichte erscheint aus dieser Perspektive als eine Evolution unserer kollektiven Versuche, mit unserer Schuld zu „handeln". Durch Projektionen urteilender und strafender Götter, denen wir Opfer, Sühne und Selbstbestrafung versprechen, erhofft der Mensch im Austausch „Sündenvergebung" zu erhalten, um doch noch, trotz der Sünde, in Liebe vom Göttlichen angenommen zu werden. Sie stellen Versuche dar, Verdrängtes und Unbewusstes durch kollektive Projektionen zu bearbeiten. Geld symbolisierte schon immer das Schuldopfer an das Göttliche in uns; es hat heute nur seinen religiösen Charakter verschleiert.

Heutiges Schuldgeld ist eine Weiterentwicklung der alten Opfergaben an die Götter, denn es hat die Aufgabe übernommen, ohne die Idee einer von uns separierten Gottes„person". Diese Form der Schuldanerkennung und Selbstbestrafung benötigt nicht mehr die Vorstellung eines über und außerhalb von uns urteilenden und strafenden Vaterherrschers. Schuldgeld ist eine säkularisierte, d. h. unpersönliche und abstrakte Form der Selbstbestrafung, denn es figuriert ohne einen sichtbaren Gott. Gerade deswegen bedeutet es einen Fortschritt auf dem Wege zur Selbsterkenntnis, denn der schuldhafte Charakter tritt deutlicher hervor.

Ohne die äußere, strafende Gottesprojektion wird das Individuum gestärkt. Es wird von der Kirche, der kollektiven „Schuldabfuhr", unabhängig – um jedoch um so mehr in die Abhängigkeit des Schuldgeldes zu geraten. Durch das Schuldgeld wurde die Kirche im Prinzip überflüssig. Die Machtausübung mit Hilfe von Schuldzuweisung ging von der Kirche auf das Geldsystem über.

Aus diesem Grunde verliert die Kirche im Kapitalismus, d.h. in der säkularisierten Schuldreligion, immer mehr an Einfluss. Der Gottesdienst wurde durch den Götzendienst am Geld und der Kirchgang durch den Besuch im Einkaufstempel ersetzt.

Bei der Beurteilung des heutigen Geldsystems darf darum nicht vergessen werden, dass es eine wichtige historische Funktion in der Entwicklung des menschlichen Bewusstseins erfüllte, die man würdigen können muss. Die Moderne, die Befreiung des Individuums vom unterdrückerischen Dogma der Religionen, wäre ohne dieses Geld nicht möglich gewesen.

Der Weg der Heilung scheint also über eine Stärkung des Individuums und eine Schwächung des Kollektivs zu gehen. Je stärker das Individuum ist, desto eher ist es in der Lage, seine Schuld an der Separation anzuerkennen und die Verantwortung für die Heilung selbst zu übernehmen.

Eine viel authentischere Befreiungsbewegung hat sich in den letzten Jahren aus diesem Grunde nicht aus der religiösen Ecke der Gesellschaft entwickelt, sondern wird von modernen, liberalen und spirituell emanzipierten Menschen vorangetrieben, die sich auf individueller Ebene mit Therapie und Selbsterkenntnis auseinandersetzen.

Je freier das Individuum vom einengenden Gruppenbewusstsein der Religionen ist, desto größer ist die Chance, dass es den Mut hat, direkt und ohne Umwege der Sache auf den Grund zu gehen, die in seinem Inneren seit langem um Auflösung bittet.

# Kap. VII
# Das Ego: Untermieter unseres Seins

*Your story was so long,*
*The plot was so intense,*
*It took you years to cross*
*The lines of self-defense.*

*The wounded forms appear:*
*The loss, the full extent;*
*And simple kindness here,*
*The solitude of strength.*

*Leonard Cohen und Sharon Robinson*
*von der CD „Dear Heather"*

Ich möchte in diesem Kapitel etwas genauer auf die Erscheinung des Egos eingehen und die Konsequenzen der irrtümlichen Identifikation mit unserem emotionellen Schutz und unserem Selbstbild unter verschiedenen Blickwinkeln beleuchten.

Dafür erscheint mir eine kurze Zusammenfassung und Wiederholung über die Theorie des Egos nützlich:

– Wir werden in eine ignorante Welt geboren und erfahren schon sehr früh die Kränkung, dass das allumfassende Sein, das wir als Kind sind, nicht gesehen wird: Fast jeder erlebt eine individuelle Kränkungsgeschichte seiner Liebe. Um den Schmerz webt sich eine individuelle „Story". Doch das Muster der Kränkung, der „Plot", ist gleich.

– Wir schützen uns gegen den Schmerz der Verletzung; entwickeln eine emotionelle und intellektuelle Abwehr. Wir spielen als Schutz jemand anderen, als wir eigentlich sind, zeigen also eine den Normen der Gesellschaft angepasste Maske, eine „Persona" (Maske). Die Persona schenkt uns Sicherheit. Wir verstecken das „heilige Kind", unser natürliches Sein, hinter dieser Maske, aber auch unsere Kränkung und unsere Verletztheit.

- Wir vergessen schließlich unseren „natürlichen", offenen und liebenden Seinszustand, den wir zu Beginn besaßen und verharren nunmehr im „kranken" Zustand der Identifikation mit unserer Abwehr. Wir vergessen das heilige Kind in uns und vergessen sogar, dass und was wir vergessen haben: Wir fallen in einen tiefen Schlaf des Vergessens, in welchem wir glauben, jemand anderer zu sein, als der, der wir eigentlich sind.

- Weil wir vergessen haben, identifizieren wir uns irrtümlich mit unserem emotionalen und mentalen Schutz. Wir glauben irrtümlich, wir *seien* die Persona. Die Maske erhält durch diese irrtümliche Identifikation unsere Lebenskraft geliehen. Diese falsche Macht herrscht nun „über uns", das heilige Kind in uns.

- Wir wiederholen in unserem Geiste dauernd unsere alte Story. Wir sind geradezu von ihr besessen, denn die Angst vor dem alten Schmerz legitimiert die Maske oder den Wächter, mit welchem wir uns identifiziert haben. Unsere Identität ist nun von der Story abhängig geworden. Wir können die Story nicht loslassen, ohne unsere Identität loszulassen. Der Wächter regiert uns vermittels unserer Angst: Unser offenes Sein verschwindet hinter einer Dauerberieselung von Gedanken über das, was geschah und was geschehen könnte.

- Wir versuchen, unsere falsche Identität zu bestätigen, da wir glauben, wir *seien* eine Persona und möchten dies von allen anderen bestätigt bekommen. Irgendwo „wissen" wir genau, dass unsere Identität eine Illusion ist, die wir irgendwann loslassen müssen, spätestens dann jedenfalls, wenn wir sterben.

– Wir leben das Leben eines anderen, weil wir glauben, wir seien, was wir *glauben,* dass wir seien. Wir leben dadurch in einem existentiellen Irrtum. Unsere Identität wird der Parasit unserer Lebensenergie; ein Untermieter unseres Seins, der sich aufführt, als ob er der Herr im Hause sei. Der Wächter wird zum Unterdrücker des Seins, denn er ist dafür blind. Unsere Identität und unsere Glaubenssysteme unterdrücken schließlich und verneinen das allumfassende Sein, das wir eigentlich sind, und es kommt zur selbstzerstörerischen Diktatur des Egos. Sie manifestiert sich innen wie außen durch Kränkungen, Ausbeutung und Unterdrückung.

– Irgendwann ertragen unser Sein und unser Körper nicht mehr die Herrschaft des Untermieters. Das Selbst, das „heilige Kind", unser eigentliches Sein, will, dass wir uns erinnern und aus dem Traum der Ignoranz aufwachen. Es schickt uns Schicksalsschläge, Krankheiten usw., Spiegelungen in der Wirklichkeit, durch die wir uns erinnern sollen. Unsere Ignoranz wird zu unserem Schicksal und unsere Lebensgeschichte zur Schule der Erinnerung. Die größte Angst des Egos und zugleich die tiefste Sehnsucht unseres Seins ist es, aus der Illusion zu erwachen und wieder eins mit sich zu werden.

– Das Ego hat eine heimliche Schuld, denn es ist eine Verneinung dessen, was wir eigentlich sind. Es projiziert diese Schuld z. B. auf Geld, um sie „los"zuwerden.

– Das Leiden in der Selbstverneinung steigert sich bis zu einem Punkt, an dem wir gezwungen werden, die Identifikation mit unserem Schutz aufzugeben. Wir stehen irgendwann vor der ultimativen Wahl: Entweder Selbstzerstörung oder Rückkehr zum wirklichen Selbst. Je größer der Widerstand, desto stärker das Leiden. Wer aufgibt, der hat gewonnen.

- Trotz seiner scheinbaren Macht ist das Ego nicht wirklich. Es ist nur eine Projektion unseres Geistes, die ihre Kraft durch unsere irrtümliche Identifikation „geliehen" bekommt.

Nur weil wir *glauben*, dass wir das Selbstbild *seien*, das wir von uns geschaffen haben bzw. das wir durch unsere Kultur übernommen haben, darum bekommt das Selbstbild *unsere* Macht von uns geliehen. Es ist *unser* Glauben, d.h. die irrtümliche Identifikation, die der Illusion Macht über uns verleiht.

- Die Identifikation ist die eigentliche Geburt des Egos: Wir *machen* uns dadurch zum Ego.

Durch die Identifikation sind wir Jemand, der wir eigentlich nicht sind. Somit ist unsere Identität die Verneinung dessen, was wir *eigentlich* sind. Darin liegt das potentiell Selbstzerstörerische und Schuldhafte unserer Identität.

- Wir haben den starken Wunsch, ständig unsere Identität zu bestätigen, weil wir im Grunde wissen, dass sie illusionär ist. Wir widmen darum unsere Lebens- und Geisteskraft dem Erhalt unserer irrtümlichen Identität.

Das Ego sucht nach Bestätigung, dass es ein „Jemand" ist, d. h. dass es wirklich existiert. Wir versuchen unser Ego kompensatorisch aufzuwerten, denn es weist unseren eigentlichen Wert, das Selbst, ab. „Es" will groß sein und alles kontrollieren. „Es" will Macht haben, damit niemand seine Lüge in Frage stellen kann. „Es" hat Angst, als Illusion enthüllt zu werden und beschäftigt darum unser Bewusstsein mit ständiger Zerstreuung, mit einem Sturzbach ununterbrochener Gedanken. Es ist niemals zufrieden, denn es ist selbst die Ursache für den Mangel. „Es" will darum immer mehr und mehr.

– Das Ego hat ein Geheimnis: Es kann nicht bedingungslos lieben. Es kann darum unseren Hunger niemals sättigen. Es muss immer mehr Lebensenergie z. B. in Form von Leistungsansprüchen, d. h. Geld akkumulieren, denn es besitzt keine eigene Lebenskraft. Sein Hunger nach Lebensenergie ist daher unersättlich. Es ist ein Parasit unserer Lebenskraft, der seine Macht und Existenz einzig und allein aus der Verwirrung bezieht, in die unser Bewusstsein gestürzt ist.

– Es ist diese Verwirrung, wer wir eigentlich sind, die den Menschen zu Feinden des Lebens macht. Das Missverständnis, wer wir sind, ist die Wurzel aller Zerstörung.

– Die ganze Macht des Egos ist von der geistigen Verwirrung abhängig, in der wir uns befinden. Bewusstwerdung bedeutet Gefahr für die Existenz und Macht seiner Illusion. Um die Illusion, die uns Sicherheit verspricht, aufrechtzuerhalten, müssen wir Kontrolle ausüben: Kontrolle über unseren Körper und unseren Geist, sowie Kontrolle über Körper und Geist anderer. Kontrolle ist eines der Hauptmerkmale des Egos, denn die Angst, entlarvt zu werden, sitzt ihm im Nacken.

– Wir spüren seine Wirkungen in körperlichen Verspannungen, schlechter Haltung, flacher Atmung etc. Aber auch in religiösem und politischem Fanatismus und im Wunsch, alle Kritiker zum Verstummen zu bringen, die das eigene Welt- und Selbstbild (und somit die emotionale Verteidigung) in Frage stellen.

– Die größten Egos waren darum immer Diktatoren. Sie wollten mächtig sein, nicht hinterfragt, unberührt, kontrollierend und keine (verletzten) Gefühle zeigen. Man denke an Hitler oder Stalin; der „Stählerne" – der Name sagt schon alles. Je gekränkter die Person, desto größer die Sucht nach Kontrolle und desto größer die Rache am Leben. Doch hinter der sicheren Maske herrschen immer die Angst und der Mangel.

Das Ego steht darum für Kontrolle und Unterdrückung des Lebens. Der Wächter unseres verletzten Herzens wurde zum Gefängniswärter unserer Liebe.


## Die Angst vor dem Loslassen

Analproblematik und Geldsucht stehen der Psychoanalyse zufolge miteinander in Beziehung. Geld ist, laut Freud, ein Symbol für Kot. Der anale Charakter, wie ihn Freud schildert, ist aus unserer Sicht der gekränkte Charakter, der in Angst lebt, seinen emotionellen Schutz loszulassen.

Der angepasste Erwachsene übt zwanghaft Selbstkontrolle aus, weil er seine Kränkung noch nicht überwunden hat. Er inszeniert seine Anpassung im Wirtschaftsleben und hofft auf Belohnung, d. h. soziale Anerkennung für seine Leistung der Selbstunterdrückung.

In sadistischer Rache versucht er die Gesellschaft, die projizierte „große Mutter" für die ausgebliebene Belohnung zur Liebe zu zwingen. Die Akkumulation wird zur Rache am Leben bzw. an der „großen Mutter" für das enttäuschte Versprechen auf Liebe.

Die Akkumulationssucht des Kapitalisten ist demnach ein Akt der Erpressung, um Ansprüche an Lebensenergie (Liebe) in Form von Geld, gegen die Gesellschaft durchzusetzen. Die Zinsen sind der Tribut der Gesellschaft an die Zurückhalter des für sie lebenswichtigen Tauschmittels. Sie erpressen eine „Zuwendung", indem sie drohen, den Wirtschaftsfluss in der Gesellschaft durch Zurückhalten zum Zusammenbruch zu bringen. Die Gesellschaft wird die erpresste „Mutter", die die Gekränkten und Liebeshungrigen (Kapitalisten) versorgen muss. Auf unbewusst infantile Weise verweigern sie sich dem Fluss des Lebens und wollen immer nur mehr haben.

Hortbares Geld und Zinsen sind somit die Mittel des Egos, durch die es unendliche Ansprüche an Lebensenergie akkumulieren kann. Es ist das Mittel, durch das das Ego Reichtum erleben will, ohne (sich) selbst (auf)geben zu müssen, eine Gleichung, die niemals aufgehen kann.

Wenn alle sich so verhalten, dann erwächst daraus kein Vorteil für alle, wie Adam Smith behauptete, sondern es führt vielmehr in einen kollektiven Wahn. Wenn Kapitalismus nichts anderes als ein Akkumulationsregime bedeutet, dessen autistisches Ziel nur in sinnentleerter Anhäufung besteht, dann ist diese Herrschaft die Herrschaft einer Neurose.

Die ewige Akkumulation ist keine Lust, wie Freud vermutete, sondern ein ewiges Leiden. Ewige Akkumulation ist die krankhafte Sucht der Gekränkten, die ewig noch mehr haben möchten, weil ihre innere Quelle wahren Reichtums – das offene Herz – versiegelt ist.

Die Lust – und die Befreiung von der Sucht – liegt nicht im Festhalten, sondern im Loslassen. Die Selbstkontrolle geschieht aus Angst und ist ein Akt der Selbstunterdrückung. Wie ich weiter oben geschildert habe, so wird diese Selbstunterdrückung manifest, weil das Kind sich mit ihr identifiziert. Das Kind identifiziert sich mit den Werten der Gesellschaft, da diese Selbstunterdrückung mit Anerkennung belohnt. Das Kind will in den Augen der Umgebung „gut" und angenommen sein – das ist sein natürlicher Überlebensinstinkt. Die Identifikation mit der Selbstunterdrückung ist daher paradoxerweise eine Strategie der Selbsterhaltung. Es selbst aber, das Kind an sich, „verschwindet" hinter einer Maske aus Scham, da es so, wie es ist, nicht gut genug ist.

Selbstunterdrückung und Scham über seine Wertlosigkeit werden zur Höhle des wahren Kindes, in der es vergessen wird

und in der „es" sich vergisst; und dort wartet unser „gekreu-
zigtes Heilige" darauf, dass es vom „Erwachsenen", d. h. vom
verantwortungsvollen Bewusstsein erlöst wird. Uns sollte allen
bewusst werden: Das separierte, gekränkte Herz ist die Wurzel
alles „Bösen" und Destruktiven in der Welt. Es ist *die* vergif-
tete Quelle, die uns und unsre Umwelt verschmutzt. Nur eine
bewusste Reise zurück zu unserem Kind kann die „Neurose
Mensch" vor der Selbstzerstörung bewahren. Das Kind muss
bei dessen Kränkung vom bewussten und verantwortungsvollen
Erwachsenen abgeholt und in die alltägliche Gegenwart zurückgeführt werden.

Da Freud in seiner Analyse auf die Sexualität fixiert war, konnte
er die Verbindung von Geld und Angst vor dem Loslassen nur
auf dieser Ebene erkennen. Doch diese Angst vor dem Loslassen
durchzieht sämtliche Ebenen der „Neurose Mensch": Es ist der
chronische Krampf der Identifikation mit unserer Selbstkontrolle.
Das Ego ist der Zustand der Identifikation mit einem Krampf. Es
hat darum eine verdrängte Analproblematik im weitesten Sinne:
es kann nicht loslassen, ohne zu glauben, dass es sterbe.

Die Angst vor der Strafe, die wartet, wenn wir sterben (Höllen-
projektion), ist die Angst vor der Strafe für die aufgeladene Schuld,
ein Leben im Zeichen der Unterdrückung vom eigentlichen Selbst
gelebt zu haben. Die Verdrängung der Schuld ist aber bereits die
Höllenstrafe, denn sie fixiert die Unterdrückung und macht so
unser Leben zur Sühnezeit einer verdrängten Schuld.


## Die „schmutzige" Schuld

Geld ist deshalb „schmutzig", weil es die „schmutzige" Schuld
repräsentiert, den materialisierten Geist, d. h. den Einen in seinem weiblichen Aspekt abgelehnt zu haben. Unsere Beziehung
zum Kot reflektiert ebenfalls die schuldbeladene Beziehung zum

formlosen Urgrund (die Erde), dem wir auch begegnen, wenn wir unseren Körper loslassen müssen. Tod, Kot und Sexualität sind daher tabu, geächtet und „teuflisch", weil sie das Loslassen von unserer Illusion und daher die Begegnung mit unserer Schuld bedeuten (und damit auch eine Bedrohung für das Ego darstellen). Unser heimliches Urteil über uns macht uns darum schmutzig, denn wir haben ein „unreines" Gewissen und nicht, wie irrtümlich angenommen, das Körperliche – Sexuelle.

Wenn wir also heute von der „Befreiung der Sexualität" sprechen, dann im Sinne der Befreiung der Sexualität vom Stigma der Schuld. Wonach wir uns sehnen, ist die Renaissance einer Sexualität, die als geheiligtes Mittel gefeiert wird, um die Erfahrung der Einheit von Geist und Körper – und damit unsere Unschuld – zu erreichen.

Somit erkennen wir den prinzipiell „analen Charakter" (Freud) des Egos: seine Natur ist das Festhalten, Akkumulieren und Kontrollieren. Das Ego ist es, das scheinheilig rein und sauber von jeder Schuld sein möchte; unbefleckt über dem Irdischen und Weiblichen thronend; den Fluss der Lebenskraft (Sexualität) unterdrückend.

Das Ego ist der vom Leben und vom Körper separierte Geist, der „das Irdische" ächtet und als Befleckung seiner „Reinheit" fürchtet. Es ist der Geist, der mit seinem (gekränkten) Kind nichts zu tun haben will und seine verletzten Gefühle bzw. seinen Körper unter Kontrolle hat und der vor sich selbst die Selbstabweisung verleugnen muss.

Die Angst des Egos vor dem Loslassen ist im Grunde die Angst, seine Einheit mit dem Urgrund zu erkennen. Diese Erinnerung an unsere Allverbundenheit ist die tiefste Sehnsucht unserer Seele und zugleich die größte Furcht desjenigen, der irrtümlich mit dem Ego identifiziert ist. Was wir, im Traum der Egos, vergessen haben, ist, dass *nicht das, was wir sind, stirbt*, wenn wir loslassen, sondern *unsere Illusion, wer wir sind*.

## Mangel und Sucht des Egos

Zu glauben, ein Ego zu sein, bedeutet, Mangel zu fühlen. Wer von seiner ureigenen Quelle abgeschnitten ist, der fühlt den Durst der Selbstverneinung, denn *„Wenn ihr euch (aber) nicht erkennt, so lebt ihr in Armut, und ihr seid diese Armut",* wie Jesus betonte.

Die psychoanalytische Geldtheorie[64] erkennt im Geldkomplex den Versuch, die „infantile Ökonomie" wiederherzustellen, die wir als Kind erlebten: vollkommene Versorgung von der Mutter (bzw. der Gesellschaft) ohne eigenen Arbeitseinsatz.

Was ich glaube, ist, dass dieser Wunsch zu Regression, zum Wiederherstellen der frühen Lebenssituation, einen simplen, unbewussten und „kindischen" Versuch darstellt, das erlöste Einheitsgefühl des Kindes wiederzuerlangen. Es ist die in unserem Unterbewusstsein verbliebene Erinnerung an unsere Kindheit, die uns nach dem verlorenen Glück suchen lässt. Die Sehnsucht nach unserem „heiligen Kind", wie die Buddhisten es nennen, lässt uns unbewusst all diese Versuche machen, um die *frühere Situation* wiederherzustellen, und zwar in der irrigen Hoffnung, dass sich dadurch der frühere *Zustand des Glückes* wieder herstellen ließe. Wir glauben, wir fänden unser Kind-Sein wieder, wenn wir die frühkindliche Situation reinszenieren. Im endlosen Versuch, die Welt so zu richten, dass sie unsere Mama ist, über die wir Macht und Kontrolle haben und die uns jeden Wunsch erfüllt, übersehen wir das, was wir *eigentlich* suchen: Das Kind in uns. Denn eigentlich suchen wir nicht die Situation des Kindes, sondern dessen Zustand. Unsere Suche gilt, wieder das heilige Kind zu *sein.*

Wir glauben als unbewusste Kinder, die wir sind, dass wir uns wiederfinden werden, wenn wir nur die Situation von damals wieder erschaffen. Doch dies ist ein Irrtum, denn wir können das Rad der Entwicklung nicht zurückdrehen. Wir haben die

Kindheit für immer verlassen. Doch, was wir finden *können*, ist das kindliche Sein in uns, d. h. den Zustand eines Neugeborenen. Wir können wieder eins mit unserem Körper und im Jetzt präsent sein, so wie ein Kind, aber nun bewusst.

Die Crux ist leider, dass wir – vom kindlichen Zustand Abgefallene – uns der tieferen Ursache unseres chronischen Mangelgefühls nicht wirklich bewusst werden können, da wir in diesem Fall unser Ego aufgeben müssten. Das Ego ist ja selbst die *Ursache* des Mangelgefühls. Da das Mangelgefühl aus der Separation von unserem natürlichen Sein entsteht, kann kein Besitz uns jemals vom Mangelgefühl erlösen.

Aus diesem Grunde ist dauerndes Habenwollen die Verfassung, die man als Ego erfährt. Habenwollen ist die unsinnige und fruchtlose Strategie des Menschen, in der Verwirrung des Egos, seinem Mangelgefühl zu begegnen. Die sinnlose Glücksstrategie des Egos ist es, stets *mehr* Besitz und Macht anzuhäufen. Es versucht den Mangel an Lebensenergie, den es selbst erzeugt, durch die Akkumulation der Lebensenergie anderer zu kompensieren. Der nagende innere Hunger wird zur maßlosen Sucht nach immer mehr: „Mehr" – das ist die ganze Heilslehre sowohl des Egos als auch des Kapitalismus. Gier ist darum der Preis eines Lebens im Traumzustand des Egos. Dieses Leiden ewig unerfüllten Hungers ist der eigentliche Motor unserer Konsumgesellschaft.

## Die Sucht der Suche

Die Befriedigung äußerer materieller Wünsche als Glücksstrategie ist letztlich eine Flucht. Es führt unsere Aufmerksamkeit weg vom Wesentlichen, vom erlebten Mangel *in* uns. Konsumsucht ist somit eine weitere Verdrängungsstrategie. Das Glück ist ja niemals Jetzt und Hier, es scheint ja immer auf merkwürdige Weise „später und dort" zu sein: *nachdem* wir „genügend" Geld verdient haben und „reich" geworden sind – *nachdem* wir ein schöneres Haus, ein besseres Auto und schönere Kleider haben. Auf merkwürdige Weise halten wir die Suche nach dem „späteren" Glück aufrecht, das kommt, wenn wir „mehr" haben. Auf sonderbare Weise wird die Suche nach dem äußeren Glück eine Sucht, die das Glück in unserem Inneren, das nur im Jetzt und Hier zugänglich ist, stets verschiebt.

Die Suche im Außen ist ein Trick des Egos, denn sie verhindert das Finden, das „Erinnern", und die Begegnung mit dem schmerzvollen Drama unseres vergessenen Kindes, d. h. mit uns selbst. Zu finden hieße, die Flucht aufzugeben und der Pein der Selbstverneinung zu begegnen. Die Sucht an der äußeren Suche ist eigentlich die Sucht des Bewusstseins, das die Illusion eines separierten *Jemanden* festhalten möchte. Die äußere Suche verhindert die Selbsterkenntnis. Die Sucht nach Mehr ist darum die Flucht des Bewusstseins, das nicht finden will, was es *eigentlich* ist. Unsere äußere Glückssuche gehört zum Konzept unserer Identität. Somit ist unsere wahre Sucht unsere illusionäre Identität, unser Ego.

Ehrlichkeit zu uns selbst und Hingabe an unser Glück definieren folglich die Zeitspanne unserer Flucht vor uns selbst. Wenn wir die äußere Suche aufgeben und zu uns selbst zurückkehren, dann finden wir das Wertvolle, das wir so lange gesucht haben: Die Quelle wirklichen Reichtums und Glücks – unser Selbst.


## Kapitalistische Heilslehre

Das Leben im Hamsterrad wird jedoch so lange wie möglich aufrechterhalten. Wir sind durch unsere Sucht nach Mehr zu Parasiten des Lebens geworden und wollen nicht sehen, dass wir in einer Lebenslüge gefangen sind. Allzu viel scheint von der Aufrechterhaltung unserer äußeren Suche abzuhängen: unser

Selbstbild, unsere Vorstellungen vom Glück, unsere Träume, unsere Story, unser Glauben an die „Wirklichkeit".

Die wachsenden Leistungsforderungen im Schuldsystem geben uns zudem einen hervorragenden Grund, weshalb das Spiel aufrechterhalten werden muss: Wir sind zu beschäftigt, um uns Selbst zu begegnen.

Wiederum ist deutlich, dass wir durch die Anerkennung des herrschenden Schuldgeldes einen Deal mit uns gemacht haben: Die Verschuldung rechtfertigt und erzwingt die Verdrängung und somit die Ignoranz. Die „ewige Schuld", der wir dienen, hält unsere Flucht und damit unseren Selbstbetrug am Laufen. Auf raffinierte Weise hat das Geldsystem unsere innere Sucht nach Mehr zu einem Herrschaftssystem erhoben.

Selbst wenn wir zufrieden wären oder sein möchten, dann dürfen wir es nicht sein. Zufriedenheit bedeutete Wachstumsstillstand, und das würde einen Zusammenbruch des kapitalistischen Herrschaftssystems verursachen. Sowohl das System als auch das Ego sind für ihr Bestehen davon abhängig, dass das Akkumulationsregime beibehalten wird und wir um das Finden unseres inneren Glücks betrogen werden. Sowohl die Illusion des Egos als auch die des Kapitalismus sind von unserem Selbstbetrug abhängig.

Wir müssen uns darum durch die Reklame massiv manipulieren, dass wir stets das Neueste und Beste brauchen, um ein anerkannter „Jemand" zu sein. Wir definieren uns durch Warenbesitz. Wir *müssen* immer mehr produzieren, konsumieren und uns mit Warenbesitz identifizieren, damit das System nicht zusammenbricht. Wir haben uns in ein System versetzt, innerhalb dessen wir keine andere Wahl haben, als die Sucht nach mehr bis zum „Geht-nicht-mehr" zu steigern.

Die meisten Menschen sind so sehr an das Hamsterrad mit ihrem Selbstbild und ihrer Glücksstrategie gebunden, dass es ihnen Angst machen würde, anzuhalten und ihr ganzes Leben in Frage zu stellen. Wer wären sie ohne diese Story? Wer wären sie ohne die sinnlose Jagd und ohne das leere Versprechen vom Glück durch *noch* mehr? Was bliebe noch übrig? Vielleicht eine herausfordernde Stille, in der Selbsterkenntnis stattfinden könnte?

Das System ist eine Spiegelung. Der krankhafte Mangel des Egos spiegelt sich in der krankmachenden Forderung nach dauerndem Wirtschaftswachstum wider. In der kapitalistischen Schuldreligion gibt es deshalb niemals Entspannung. Wir sind angehalten, stets zu kämpfen und stets neue Wachstumsziele zu erreichen. Auf der Hatz nach dem Erreichen der gesteckten Ziele überfahren wir unser DA-Sein im Hier und Jetzt und separieren uns damit von unserem Selbst.

Das Heilsversprechen des Kapitalismus auf Erlösung im materiellen Überfluss ist darum nur ein *anderes* Heilsversprechen, in welches wir uns verwickelt haben und das uns blind macht für das Glück, die Fülle und den Reichtum DIESES konkreten Augenblickes. Es ist nur eine *weitere* Verführung des Egos, um unser Glück aufzuschieben. Wer sich selbst außerhalb von sich selbst sucht, der vergisst sein Zuhause und geht in den Dingen verloren, nach denen er greift.

Die kapitalistische Heilslehre ist damit nur eine weitere kollektiv organisierte Flucht vor der Wahrheit über uns selbst. Schuldgeld ist auf diese Weise tatsächlich schuld an der Separation von unserem Selbst, es inszeniert die kollektive Neurose.


## Die Jagd nach Anerkennung

*„I fought against the bottle*
*But I had to do it drunk –*
*Took my diamond to the pawnshop-*
*But that don't make it junk."*
*Leonard Cohen von seiner CD „Ten New Songs"*

Geld ist in unserer Kultur die üblichste Weise, um „Wertschätzung" zu erhalten. Das „verdiente" Geld gibt uns den Selbstwert zurück, von dem wir fühlen, dass wir ihn verloren haben. Da nur Geld und Leistung anerkannt werden und nicht das, was wir *sind*, lehrt uns das Geld letztlich nur eines: Das, was wir *sind*, ist nichts wert.

In dem Maße, wie Geld die äußere Wertschätzung von etwas inhärent Wertlosem darstellt, spiegelt es umgedreht unsere unbewusste Abschätzung von etwas inhärent Wertvollem in unserem Inneren wider. Somit ist Geld Symbol für die *Veräußerung* unseres inneren Wertes: Der Wert, der wir sind, wird abgeschätzt und an ein äußeres Symbol übertragen.

Gemäß dieser Logik müssen wir folglich Geld akkumulieren, wenn wir wieder wertvoll sein wollen. Die verloren gegangene Wertschätzung muss durch ein Leistungsopfer wieder verdient werden. In diesem betrügerischen Versprechen liegt die Macht des Geldes: Wir sind mit seiner Hilfe etwas wert. Geldbesitz bewirkt eine äußere soziale Aufwertung. Die Besitzgier ist durch das Bestreben nach sozialer Anerkennung motiviert. Geld ist daher, psychologisch betrachtet, nicht das Mittel, um Tauschhandel betreiben zu können, sondern das Mittel, mit dem wir unser Gefühl der Wertlosigkeit durch soziale Anerkennung kompensieren.

### Geld als Droge

Aus obigem Grunde kann die Wertschätzung, die wir mit Geld leihen, immer nur kurz wirken. Wir brauchen unmittelbar einen neuen Kick der Bestätigung. Der Schmerz der Kränkung, dass das, was wir bereits sind, nicht wertgeschätzt wird, kann nur kurz betäubt werden. Wir sind wie Junkies und brauchen eine neue und stärkere Dosis Geld oder ein weiteres Produkt, das unseren Selbstwert bestätigt. Es ist nicht falsch, einen angemessenen materiellen Standard zu haben. Wenn aber der materielle Standard eine Strategie wird, um einen existentiellen Mangel zu kompensieren, dann verhalten wir uns wie Süchtige und sind destruktiv zu uns und unserer Umwelt.

Besitz lindert den Durst nach unserer versiegelten inneren Quelle. Doch gleich einer Droge befriedigt Besitz die Sehnsucht nicht wirklich, sondern betäubt sie nur. Sobald der Rausch verfliegt, überfällt uns das Verlangen umso stärker. Je mehr wir akkumulieren, desto schmerzhafter nagt die existentielle Lüge, mit welcher wir uns zu betrügen versuchen. Früher oder später müssen wir erkennen, dass wir die Sehnsucht nach unserem Selbst nicht mit Geld oder Dingen befriedigen können.

Wir „wissen" schon „irgendwo", dass nur wir selbst unser Sein anerkennen können. Doch dafür müssten wir zunächst erkennen, dass wir es ständig ignoriert haben. Wir müssten schließlich die Sinnestäuschung durchschauen, dass Geld wertlos ist und dass das, was wir *sind*, das wirklich Wertvolle ist. Diese Einsicht wäre dann die Auflösung des Schuldverhältnisses zwischen Geld und Mensch.


## Geldherrschaft und die Herrschaft des Egos

Wenn verzinstes Schuldgeld ein Parasit ist, der mit seinen wuchernden Leistungsforderungen unser Leben aussaugt, dann ist diese Krankheit, die den gesellschaftlichen Körper befallen hat, im Grunde eine Krankheit des kollektiven Bewusstseins. Der Parasit, der sich im Geld manifestiert hat, ist das äußere Spiegelbild des „Parasiten" unseres Seins: unsere irrtümliche Identität, unser Ego. Unser Schuldgeld ist eine Spiegelung des Egos: durch eine irrtümliche Übertragung entstanden, eine Illusion, kontrollierend, Lebensenergien akkumulierend und schließlich selbstzerstörerisch.

Geld und Ego sind beide Projektionen, die irrtümlich für das eigentlich Wirkliche und Wertvolle gehalten werden. Als solche sind beide Erscheinungen eine Verneinung des Wirklichen und Heiligen. Somit ist die Herrschaft sowohl des Egos als auch des Schuldgeldes Ausdruck *einer* Krankheit, die wir als Zustand der Ignoranz für unser eigentliches Sein bezeichnen können.

Die Projektion der Schuld des Egos auf einen äußeren Fetisch bedeutet eine Veräußerung von Verantwortung und damit von Macht über unser Leben, denn der Besitz der Schuldansprüche bedeutet eine Kontrolle über unsere Lebensenergie. Die Verdrängung der Schuld manifestiert die Erschaffung einer äußeren, „weltlichen", Macht über uns. „Luther hat es formuliert: Der Teufel – die Schuld – ist Herrscher über diese Welt." (Norman Brown)

Hierin entschleiert sich das Herrschaftsspiel: Macht und Verantwortung sind unser, doch wir veräußern sie kollektiv, um die spirituelle Schuld nicht tragen zu müssen. Macht entsteht durch einen Deal mit uns selbst. Aus diesem Grunde kann eine Befreiung der Schuldherrschaft nur durch eine Rücknahme der Projektion und eine bedingungslos liebevolle Annahme unserer spirituellen Verantwortung geschehen. Die Befreiung wird darum eine Befreiung unserer Liebe sein oder keine.

# Kap. VIII  Heilung durch Akzeptanz

*„Die Erfahrung des Höheren Selbst ist stets eine Niederlage des Ich."*

*C. G. Jung*

*Seine Schüler sprachen:*
*„Wann wirst Du dich uns offenbaren, und wann werden wir dich sehen?"*
*Jesus sprach:*
*„Wenn ihr eure Scham ablegt und eure Kleider nehmt und sie wie die kleinen Kinder unter eure Füße legt und darauf (herum) trampelt, dann werdet ihr den Sohn des Lebendigen sehen und euch nicht fürchten."*

*Thomasevangelium, Satz 37*

Um unsere Liebe befreien zu können, ist es notwendig, dass wir ehrlich sehen, wie sehr wir sie Bedingungen unterworfen haben. Nur das Licht des Bewusstseins kann den Schatten in unserem Herzen vertreiben. Dazu brauchen wir mutige Ehrlichkeit. Radikale Ehrlichkeit und Demut ist der Weg zur Befreiung von unserer irrigen Identifikation mit dem Selbstbild. Selbsterkenntnis bedeutet die „Absetzung" unseres Egos, denn wir erkennen plötzlich und für immer, dass wir nicht unser Selbst*bild* sein *können*.

Erst die bedingungslose Bereitschaft, unsere persönliche und kollektive Geschichte der Verneinung unseres wirklichen Selbstes in Liebe und bewusster Verantwortung anzunehmen, eröffnet uns die Möglichkeit, wieder mit dem Selbst zu verschmelzen. Mit anderen Worten: Vergebung ist der Weg zur Selbsterkenntnis. Vergebung bahnt den Weg zur Befreiung unserer Liebe. Vergebung geschieht aber nicht durch einen Anderen oder eine projizierte Gottesfigur, sondern bewusst durch uns selbst, aus Liebe zu unserem Selbst. Es gibt keinen anderen Weg, um die Schuldprojektion zu beenden! Das einzig Unverzeihliche darum ist, nicht zu verzeihen.

### „One more time"

*„I won't try to take your pain away*
*I know that's your ticket home*
*But the question still remains*
*What to do with this heart of stone*

*Might not be today*
*Might not be tomorrow*
*But you know that sun is gonna shine*
*And this heart's gonna open*
*One more time*

*I'll just hold you for a while*
*And you can let yourself feel it all*
*If you just keep letting go*
*There'll be no one left to fall*

*I guess you can't see it right now*
*'Cause the pain is just making you blind*
*But this heart's gonna open*
*One more time*

*Oh, this sweetness when you tremble*
*It's not really words can say*
*But I know that feeling*
*That's just what happens*

*When all that is not love*
*When all that is not love*
*When all that is not love*
*Is getting burned away.*

*Cry, cry my baby*
*These tears are the very first sign*
*That this heart's gonna open*
*One more time*

Steven Walters von seiner CD „So many blessings"[65]

Wenn wir aus der schmerzhaften Illusion der Separation von uns selbst aussteigen wollen, dann sind wir genötigt, uns genau dem Schmerz der Separation zu öffnen. Wenn wir uns dem Schmerz öffnen, können wir durch ihn hindurch, wie bei einer Geburt, zur Erkenntnis, wer wir eigentlich sind, wiedergeboren werden. Um das „heilige" Kind in uns zu befreien, das wir einmal waren, sind wir genötigt, den verdrängten Schmerz unserer gekränkten Liebe noch einmal zu fühlen. Wenn wir unsere persönliche Geschichte und den Schmerz der Kränkung vollkommen annehmen können, ist auch ein emotioneller und intellektueller Schutz nicht mehr notwendig. Das Ego hat plötzlich keine Funktion mehr. Der Wächter unseres Herzens ist entlassen, und unser Herz ist befreit. Der Schmerz ist nicht das Hindernis, sondern der Weg.

Durch allumfassende Akzeptanz kann die Fixierung an das Ego aufgegeben werden. Der chronische Krampf der Verteidigung fällt von uns ab, und der Kontakt mit dem natürlichen und offenen Sein, mit unserer Liebe, tritt schrittweise wieder ein.

Wenn wir uns dem Schmerz öffnen, dann öffnen wir auch

die Türe zu unserer Liebe. Dann lösen wir den chronischen Widerstand, spüren die Kränkung *und* die Liebe, die immer da war. Durch die Begegnung mit unserer alten Trauer begegnen wir einem alten, vergessenen und sehr geliebten Freund: unserem eigentlichen Selbst, unserem „goldenen Kind", dem liebenden Sein, das wir sind. Die Wiedersehensfreude ist groß, denn das Selbst ist das „verlorene Paradies" und die Quelle unseres Glücks. Um wiedergeboren zu werden, müssen wir noch einmal fühlen, was gefühlt werden möchte, und alle Kontrolle loslassen – voller Akzeptanz, voller Bewusstheit und voller Verantwortung für unsere Liebe.

Am Ende eines langen und schmerzhaften „Nein" steht ein bedingungsloses „Ja" zu dem, was war und was wir jetzt und hier sind.

Die Auflösung unseres Dramas geschieht, wenn wir uns unserer Verantwortung bewusst werden, sie anerkennen, verstehen, uns verzeihen und die Schuld an unserer Zeit in der Separation in bewusster Selbstliebe auflösen.

### Der Sprung aus dem Teufelskreis

Wer die Schuld in Liebe annimmt, der löst das Urteil auf, das er über sich gefällt hat. Die Schuld in Liebe anzunehmen heißt, sich von der Ur-Teilung zu befreien und wieder eins mit seiner Verantwortung und Kraft zu werden. Ohne Urteil bleibt nur noch Verantwortung. Wo Verantwortung übernommen wird, herrscht auch wieder Liebe und Bewusstheit.

Selbstannahme ist darum der Sprung aus dem Teufelskreis der Verdrängung und des Verharrens in Schuld und Scham. Bedingungslose Selbstakzeptanz ist ein radikaler und mutiger Schritt, den wir selbst tun müssen, um uns zu befreien. Kein Gott oder Messias oder sonst wer kann es für uns tun.

Wer sich seiner Selbstverneinung bewusst geworden ist, der braucht sie nicht mehr im Leben zwanghaft zu wiederholen. In liebevoller Annahme unserer Verantwortung, werden wir unsere Liebe aus Liebe zu uns befreien. Liebe wird sich selbst bewusst und so verwirklicht sie sich. Und so verwirklichen wir uns. Auf diese Weise werden wir von der Illusion des Egos befreit und damit automatisch auch von der Schuld – und wir sind wieder unschuldig.

Das Schuldgefühl ist im Grunde eine gesunde Scham, die, falls sie verzeihend angenommen und gespürt wird, uns zur verschütteten Quelle in uns führen kann. Die Schuld war immer nur die Angst des Egos vor einer beschämenden und erniedrigenden Erkenntnis, dass es seine illusionäre Existenz auf Kosten unseres Seins errichtet hatte.

Wer sich verzeihen kann, der erkennt: Es gab niemals eine Schuld, denn es gab niemals wirklich ein Ego. Die ganze Geschichte war eine Sinnestäuschung, eine Projektion unseres Geistes. Wir verirrten uns. Es war eine Geschichte, in die unsere Liebe und unser Bewusstsein verwickelt wurden, und aus der wir uns im Laufe der Zeit durch Selbsterkenntnis und Erfahrungen wieder ent-wickeln.

Unsere Geschichte beschreibt den Weg des Bewusstseins aus der Verdrängung hin zur Bewusstwerdung, zur Erinnerung seines eigentlichen Seins. Das war schon immer die Botschaft, die von den großen Meistern vorgebracht wurde: Akzeptanz, Vergebung, Selbsterkenntnis und Befreiung.

## Die Tilgung der Schuld durch den Schock der Selbsterkenntnis

*„Die Schuld verbrennt, so wie alles in der Stille verbrennt. Nur wenn du still bist, tauchen all diese Dinge auf. Und dann ist die Herausforderung, all diese Dinge nicht anzufassen und sie einfach*

verbrennen zu lassen. Es scheint mir wichtig, diese Schuld nicht als einen Feind zu betrachten, der bekämpft werden muss. Diese Schuld ist ein großer Verbündeter. Es ist ein großes Geschenk, wenn jemandem diese Schuld in ihrer Reinheit zugänglich wird, denn alles, was der Geist unternimmt, alles, was der Geist tut, denkt und fühlt, ist nur darauf angelegt, diese Schuld nicht wahrzunehmen.“

Om C. Parkin [66]

Die Erinnerung, was es war, das wir vergessen, ignoriert und verneint haben, ist ein existentieller Schock unseres Bewusstseins. Schlagartig erkennen wir die irrtümliche Identifikation, in die unser Bewusstsein verwickelt wurde. Es ist aber kein intellektuelles Erkennen, sondern ein Erkennen durch Einssein von Körper und Geist. Es ist ein sehr intimes Erinnern, eine natürliche Offenbarung in Stille, frei von jedem Festhalten an irgendeinen Gedanken. Selbsterkenntnis hat darum nichts mit Selbstkonzepten zu tun, sondern mit der Abwesenheit jeglichen Konzeptes.

Durch den Schock der Bewusstwerdung dessen, was wir vergessen haben, treten wir aus dem Schatten der Schuld und der Scham unserer verwirrten Existenz, und unsere Schuld ist getilgt.

Das existentielle menschliche Schuldgefühl existiert nur solange, wie wir in der Illusion leben, unser Ego zu sein. Nur solange wir *glauben*, vom Einen und d. h. vom wirklichen Selbst, separiert zu sein, solange entsteht das Schuldgefühl. Wenn die Illusion des Egos sich unserem Bewusstsein enthüllt hat, dann sind wir nicht mehr mit ihm identifiziert. Das Selbstbild ist gewiss immer noch da, nun sind wir aber das beobachtende Bewusstsein geworden. Wir erkennen, dass wir nicht mit ihm identisch sein können. Das ist eine subtile und sehr wichtige Unterscheidung! Wer immer dieses Unterscheidungsvermögen besitzt, der ist von einer Identifikation befreit, die Leiden verursacht. Das Ego ist nur ein Haufen von Gedanken und Konzepten. Gedanken kommen und gehen – das sich selbst bewusste Sein, das wir sind, bleibt.

Der Mensch wird durch diese Selbsterkenntnis transformiert. Wenn wir erkennen, dass „wir" jemand anderer sind, als der, für den wir uns bisher hielten, dann verändert sich unsere Welt. „Wir", als Bewusstsein, das sich mit seiner Separation identifiziert hatte, wacht plötzlich zur Erkenntnis auf, dass die Separation immer eingebildet war. „Wir" werden vom selbsthypnotischen Banne einer irrtümlichen Identifikation befreit und erkennen in direkter Erfahrung unser natürliches Einssein mit dem All-Seienden. Selbsterinnerung ist die Genesung von unserer existentiellen Krankheit: der Ignoranz.

## Selbstliebe – ein mutiger Akt der Befreiung unserer Liebe

*„Liebe deinen Nächsten, wie dich selbst." Jesus*

*"You didn't suffer in vain*
*You know it's only love*
*that gets you through*
*Only love, love*
*Only love that gets*
*you through"*

*Sade von ihrer CD „Lovers Rock"*

Selbstliebe führt zum Ende der Ignoranz für das, was wir sind. Sie ist die Heilung der Verletzung unseres inneren Kindes. Sie ist die Heilung von uns selbst, durch uns selbst.

Selbstliebe ist darum Liebe zur Liebe.

Unsere Liebe findet zu sich selbst und realisiert sich als das allumfassende Sein, das es ist. Aus der wiedereröffneten Quelle verschenkt sie sich, um ihren Reichtum zu erleben. Wer seine Liebe liebt, der liebt es darum, seine Liebe zu verschenken. Verschenken ist die Weise, wie die Liebe sich selbst erfahren kann, d.h. wie wir unseres wahren Selbst gewahr werden können. Nächstenliebe und Selbsterkenntnis sind darum ein und dasselbe.

Die Liebe ist die Quelle eines Glücks, das wächst, je mehr es verschenkt wird. Bedingungslose Liebe ist darum der höchste Ausdruck unseres Seins. Die Ökonomie der Liebe ist im Unterschied zur Ökonomie des Egos frei von jeglichem Mangel, denn je mehr wir geben, desto reicher sind wir. Die Ökonomie des Egos funktioniert hingegen genau umgekehrt: Je mehr es bekommt, desto mehr will es haben.

Zu lieben ist daher ein wahrhaft revolutionärer Akt: Wir trinken und verschenken von unserer eigenen Quelle, beenden die Suche und finden ein wirkliches Glück, das keiner Bedingung unterworfen und darum vollkommen frei ist. Es ist ein radikaler Schritt, die Veräußerung unseres Wertvollen zu beenden und den Schatz in unserem Inneren zu heben.

Nelson Mandela sagte einmal, unsere größte Angst sei es, unsere wirkliche Größe zu erkennen. Unsere wirkliche Größe ist unsere Liebe, und je mehr wir sie verschenken, desto großartiger sind wir. Desto mehr fühlen wir das enorme Potential unseres befreiten Da-Seins. Eine Kraft, die nicht nur unsere innere, sondern auch unsere äußere Wirklichkeit nachhaltig und umfassend verändern wird.


## „Sudden awakening – gradual cultivation": die Praxis der Achtsamkeit

Es ist entscheidend, diese Transformation zu kultivieren. Nachdem wir unser wirkliches Sein erkannt haben, ist es wesentlich, dass wir diese Erfahrung graduell vertiefen und mehr und mehr in unserem Alltag verankern. Unsere alten Muster und unsere alte Persönlichkeit sind nicht plötzlich verschwunden. Verschwunden ist unsere Identifikation, unser *Glaube* an sie. Dennoch sind unsere Gewohnheiten weiterhin stark, und unsere neue Freiheit muss aus diesem Grunde ständig vertieft werden.

Das ist die großartige Herausforderung dieser Veränderung: sie will von Augenblick zu Augenblick gelebt sein. Stets in *diesem Augenblick* präsent sein, ist eine permanente Herausforderung. Nur wenn die Veränderung gelebt wird, dann hat sie einen Nutzen. Wenn wir unsere Wirklichkeit transformieren wollen, dann brauchen wir die Ausdauer und die Freude, unser neues Selbstgewahrsein bis in die letzten Winkel unseres Körpers und unseres Lebens zu tragen.

„Sudden awakening – gradual cultivation", wie ein alter Zen-Spruch die Sache auf den Punkt bringt. Durch die tägliche Praxis der Achtsamkeit – von Augenblick zu Augenblick – durchdringen wir schließlich unsere Welt, die in den Schleier einer irrtümlichen Identität verwickelt wurde. Achtsamkeit ist praktizierte Liebe. Sie wird langsam Heilung in uns und um uns geschehen lassen.

## Das dunkle Geheimnis des Einen

*„Der Geist erfindet die Welt und verleugnet dann alles."*
*(David Bohm, Physiker)*

*„When it all went down*
*And the pain came through*
*I get it now*
*I was there for you*
*…*

*I see my life*
*In full review*
*It was never me*
*It was always you"*

*Leonard Cohen und Sharon Robinson von der CD*
*„Dear Heather"*

Aus der Sicht des Einen ist die Geschichte, in die unser Bewusstsein und unsere Liebe verwickelt wurden, kein Verbrechen. Wir waren eigentlich niemals wirklich schuldig, denn wir waren niemals wirklich vom Einen separiert; wir *glaubten* es nur, weil wir uns vergessen hatten. Und damit begann das Leiden.

Jeder Mensch hat seine „eigene", individuelle Story des Vergessens mit auf den Weg bekommen, darum hat auch jeder seinen eigenen Weg der Erinnerung, den kein anderer gehen kann. Darin liegt die einzigartige Schönheit des Heilungsprozesses. Es wird darum gesagt, dass der Weg, dem gefolgt werden kann, nicht der wahre Weg ist.

Das Bewusstsein enthüllt sich in diesem historischen Prozess, bis die Essenz, die schöpferische Leere, die (es) ist, seiner selbst gewahr wird. Das, was wir suchten, musste nicht erreicht werden, es war schon immer da. Es war nur in unseren Projektionen vergessen und darum scheinbar verloren.

Wir hielten unsere Projektionen für „objektiv" und „wirklich" und landeten dadurch im eigenen Alptraum. Wir vergaßen dabei die freundliche, schöne und großzügige Wirklichkeit jenseits unserer Projektionen, die immer auf uns gewartet hatte. Wir vergaßen das Geschenk des Lebens auf einem paradiesisch schönen Planeten. In einem Paradies zu leben und es vergessen zu haben, muss eine Hölle erzeugen.

Doch das Vergessen war Teil des „bösen" Spiels, das wir mit uns spielten, es war Teil des heimlichen, „teuflischen" Deals, den wir mit uns selbst geschlossen hatten. Auf der Ebene des Einen aber ist nichts an diesem Deal oder Spiel falsch, teuflisch oder sonst wie verwerflich gewesen. Es war letztlich der Deal, den wir gemacht haben, um uns selbst in einem Körper zu erfahren. Selbsterkenntnis konnte nur stattfinden, weil wir unser Selbst vergessen hatten.

Denn nur durch die Erfahrung der Illusion der Separation konnte das Eine, das wir sind, sich selbst erkennen und erfahren. Es musste diese Illusion erschaffen, denn das Eine kann von Natur aus nur das Eine sein, das ist seine Begrenzung. Erfahrung und Erkenntnis können aber nur stattfinden, wenn es Subjekt und Objekt, also Zweiheit gibt. Da das für das Eine nicht möglich ist, blieb nur die Lösung der *Illusion* der Separation. Diese Illusion konnte nur durch einen äußerst raffinierten Selbstbetrug gelingen, den das eine Bewusstsein außerdem vor sich selbst stets tunlichst geheim halten musste, damit die Illusion Bestand hatte.

Der bekannte Atomphysiker David Bohm formulierte dies so: *Der Geist erfindet die Welt und verleugnet dann alles.*

Wir „Menschen", d. h. die vom Einen Bewusstsein scheinbar Gespaltenen, können bezeugen, wie „göttlich" überzeugend die Selbsttäuschung tatsächlich ist. In der Tiefe unseres Bewusstseins ist aber das Wissen über die Selbsttäuschung und die Wahrheit unserer Natur immer vorhanden gewesen. Der Schmerz der Trennung und die Sehnsucht nach Erinnerung, nagten schon immer an unserer Illusion.

Ich glaube, C. G. Jung hat einmal vom „Schatten Gottes" geredet. Wenn es überhaupt so einen Schatten gibt, dann ist es vermutlich dieser. Es ist das Geheimnis des „Trickers", „Spalters" und des Lichtbringers, dass er ein Gesandter des Einen ist, „der stets das Böse will und doch das Gute schafft", denn nur dort, wo Schatten ist, kann das Licht erkannt werden.

Es war für das Bewusstsein notwendig, diese Selbsttäuschung

vor sich geheim zu halten, denn sonst wäre die Reise in der Geschichte und der Zeit nicht möglich gewesen. Wer die Täuschung durchschaut, der ist aus der Illusion der Separation befreit und wird Träger des verschleierten Geheimnisses des Einen: Die Separation war notwendig, um sich selbst erkennen und sinnlich-körperlich erfahren zu können.

Die Erkenntnis des verschleierten Geheimnisses des Einen bedeutet die Auflösung der unbewussten existentiellen Schuld. Die Realisation dieses Geheimnisses ist ein Geschenk, denn sie gibt der Geschichte der schmerzhaften Verneinung einen tiefen Sinn. Sie macht den Menschen zum leidenden Helden des Einen, der sich selbst erfahren und erkennen möchte. Dies erlaubt uns, unserer Ignoranz ohne Schuld und Scham bewusst zu werden und sie mit Vergebung, Humor und Verständnis zu betrachten.

Durch diesen Schritt zu einer akzeptierenden Selbstbetrachtung sind wir nicht mehr mit der Verneinung und ihrer Geschichte identifiziert, denn die Selbstverneinung muss ihrerseits nicht mehr verneint werden. Nun können wir bewusst und liebevoll unsere Verantwortung übernehmen. Die Schuld an der Selbstverneinung muss nun nicht mehr projiziert werden. Sie muss darum auch nicht mehr zwangsweise wiederholt werden, damit wir sie erkennen können. Denn nun ist sie erkannt, und so können wir aus ihrem Banne treten.

Durch die Akzeptanz sind wir nun das betrachtende Bewusstsein der Ich-Geschichte geworden. Hier stehen wir dann an der Schwelle zu einem neuen Land.

Somit, so glaube ich, ist ein wichtiges Geheimnis gelüftet. Das Über-Ich, der Ur-Teiler, ist für die Schöpfung der Illusion der Separation vom all-einigen Selbst notwendig gewesen. Im Bewusstwerden dieses „schuldhaften Geheimnisses" liegt der Samen der Transformation unserer bisherigen Welt. Wir als Egos sind der Schatten des Einen und unsere Aufgabe besteht darin, den Schatten durch Bewusstwerdung aufzulösen, denn das Eine will sich im Menschen gewahr werden und sich so in ihm verwirklichen.

## Das Geschenk

*„Subjekt und Objekt sind nur eines. Man kann nicht sagen, die Schranke zwischen ihnen sei unter dem Ansturm neuester physikalischer Erfahrungen gefallen; denn diese Schranke gibt es gar nicht."*

*Erwin Schrödinger, Begründer der Quantenmechanik*

Die Illusion der Separation ist ein Geschenk des Einen an sich selbst, um sich selbst mit allen Sinnen in einem Körper zu erfahren und zu erkennen. Das ist das Paradoxe: In der Illusion der Separation feiert das Göttliche sich selbst. Die Selbstverneinung ist ein Geschenk. Die Story der Zurückweisung des materialisierten Aspektes des Einen, d.h. der Natur und des Körpers, ist ein wichtiges *Mittel*, um die Einheit von Geist und Wirklichkeit zu spalten. Die Schuld an der Selbstverneinung war der Preis für die Eintrittskarte in das holografische Kino von „Seiner Geschichte" („His-Story").

Die Verurteilung der Verantwortung an unserer Selbstverneinung wiederum erhielt den Traum aufrecht, denn die Verdrängung verhinderte die heilende Selbsterkenntnis und dass wir immer die Macht hatten, um die Separation zu beenden. Das Urteil „schenkte" uns die lange Entwicklungsgeschichte einer kollektiven menschlichen Psychose, aus der wir langsam und mühsam zu erwachen versuchen.

Durch die totale Vergebung unserer „Ursünde" finden wir unser verlorenes „heiliges" Kind in uns wieder und erinnern uns, wer wir sind. Wenn das Bewusstsein seinen Widerstand loslässt

173

und die ganze Leidensgeschichte liebevoll annimmt, dann kehrt es zurück ins Hier und Jetzt. Das Bewusstsein kehrt zurück in den Körper, erfährt direkt die Verbundenheit mit allem Körperlichen und gewahrt sich als das alles durchdringende All-Eine. Wenn Yang den Kampf gegen Yin beendet, dann wird beiden ihre natürliche Einheit bewusst. Durch das Beenden des Krieges zwischen Geist und Körper, zwischen Männlichem und Weiblichem und zwischen Leben und Tod wird die mystische Einheit des Wirklichen offenbar: Weder das eine noch das andere, sondern sowohl als auch.

Das ist dann der Höhepunkt des Liebesspieles des Einen mit sich selbst und der Höhepunkt der menschlichen Erfahrung: der „göttliche Orgasmus", das Loslassen der Ich-Story und die Verschmelzung mit dem kosmischen Sein.

# Kap. IX
# Vom ego- und geldzentrischen
# zum seinszentrischen Bewusstsein

*Jesus sah, wie kleine Kinder gestillt wurden. Er sprach zu seinen*
*Schülern:*
  *„Diese kleinen Kinder, die gestillt werden,*
  *gleichen denen, die in das Reich eintreten."*
  *Sie sprachen zu ihm:*
  *„Werden wir als kleine Kinder in das Reich eintreten?"*
  *Jesus sprach zu ihnen:*
  *„Wenn ihr zwei zu eins macht,*
  *und wenn ihr das Innere wie das Äußere*
  *und das Äußere wie das Innere*
  *und das Göttliche wie das Irdische macht,*
  *und ihr das Männliche und das Weibliche*
  *zu einer Einheit macht,*
  *so dass das Männliche nicht mehr männlich*
  *und das Weibliche nicht mehr weiblich ist;*
  *wenn ihr ein Auge formt, statt eines Auges,*
  *und eine Hand, statt einer Hand*
  *Und einen Fuß, statt eines Fußes*
  *Und ein Abbild statt eines Abbildes,*
  *Dann werdet ihr eintreten."*

*Jesus, Thomasevangelium, Satz 22*

Genauso wie beim Übergang vom geo- zum heliozentrischen Weltbild am Anfang die Erkenntnis stand, dass das bisherige Weltbild auf einer Sinnestäuschung beruhte, so wird auch beim Übergang vom ego- zum seinszentrischen Weltbild die Erkenntnis stehen, dass das alte Weltbild auf einer Sinnestäuschung basierte.

Doch dieses Mal ist der Schock der Enthüllung noch umfassender. Dieses Mal wird nicht unser Glaube, *wo* wir im Universum sind, als Sinnestäuschung entlarvt, sondern unser Glaube, *wer* wir sind. Am Anfang des Übergangs vom egozentrischen zum seinszentrischen Bewusstsein wird die Erkenntnis der Sinnestäuschung stehen, dass das, was wir sind, etwas ganz anderes ist, als das, was wir jemals glauben können, dass wir es sind. Wir sind etwas, was niemals Objekt eines Glaubens sein kann. Unser Selbst*bild* ist nicht unser Selbst. Das, was wir sind, ist jenseits aller Vorstellung. Selbsterkenntnis führt uns jenseits unserer Vorstellungswelt, jenseits unserer Illusionen und darum, durch die Enthüllung der Illusion *als* Illusion, zerstört sie diese.

Selbsterkenntnis ist eine Erinnerung, die niemals durch eine Da-Vorstellung, sondern nur durch eine unmittelbare Erfahrung des Seins im Hier und Jetzt verifiziert werden kann. Die Erinnerung kann nur geschehen, wenn wir jeden Wunsch nach Sicherheit, nach Festhalten, nach Begreifen und nach Begriffen aufgeben. Das ist das Paradox: Der Verstand kann nicht erkennen, da ja gerade sein Wunsch nach Kontrolle, nach Be-greifen die Illusion der Separation erzeugt. Das, was wir zu erkennen suchen, offenbart sich nur im Aufgeben des Wunsches, es begreifen zu wollen.

Um zum Sein zurückzufinden, müssen wir ein neues Opfer erbringen und den Wunsch des Egos nach Kontrolle hingeben. Bedingungslose Akzeptanz und Hingabe an *diesen* Moment sind somit Voraussetzungen zur Überwindung der Illusion.

Die Er-Innerung ist eine Reise zurück ins Zentrum unseres Seins, in die von Gedanken ungebrochene, stille Präsenz *dieses* Momentes. Diese subtile Veränderung unserer Wahrnehmung wird eine tiefe Transformation unseres Bewusstseins herbeiführen. In der absoluten Stille unseres Da-Seins wird das Sein sich selbst bewusst und befreit sich Stück für Stück von der irrtümlichen Identifikation mit den angelernten Vorstellungen über sich selbst und die Welt. Das Erwachen aus dem Vergessen befreit von dem Zwang zu glauben, etwas zu sein, was wir nicht sind. Das ist Heilung, das bedeutet Entwicklung aus der Verwicklung des Dramas unserer Liebe und unseres Bewusstseins. Dort, wo Präsenz ist, ist auch Liebe und Bewusstsein.

Durch die tägliche Praxis, indem wir jeden Winkel unseres Lebens mit unserer Präsenz schrittweise durchdringen, transformieren und heilen wir uns und inspirieren das Leben der Menschen um uns herum.

Wenn schließlich viele Menschen diese Reise tun, dann könnte dies eine Transformation unseres Zusammenlebens herbeiführen. Das Erwachen aus der Sinnestäuschung des Egos wird einen weit reichenden Effekt auf unsere Wirklichkeit ausüben, den wir uns heute noch gar nicht vorstellen können.

Es bedeutet die Heilung einer langen Leidensgeschichte und die Rettung der Menschheit vor der Selbstzerstörung. Darum ist jeder Mensch, der „nach Hause" findet, ein wichtiges Geschenk an das kollektive Bewusstsein auf seinem historischen Wege zu sich selbst. Die „Rückkehr" führt zu einer intimen Beziehung mit dem Lebendigen. Es bedeutet vertrauensvolle Hingabe an die Schönheit des manifestierten Seins und das Wunder *dieses* Augenblickes. Es bedeutet Hochzeit zwischen Körper und Geist. Es bedeutet einen Liebesrausch der Wiedervereinigung mit der Einen, mit dem, was ist.

Dann erkennen wir die Schöpfung und den Anderen als spielerischen Ausdruck des Seins, als das wir uns selbst erkannt haben. Aus diesem neuen Selbstgefühl entsteht ganz natürlich und ohne Moral eine Ethik der Nächstenliebe und der Verantwortung für Natur und Mensch. Die innere Einsicht der Verbundenheit mit Allem erzeugt Freude und Toleranz am schöpferischen Spiel des Einen. Durch diese erweiterte Sicht der Wirklichkeit werden sich ganz von selbst völlig neue politische, ökonomische und kulturelle Formen unseres Zusammenlebens entfalten. Durch diesen Bewusstseinsschritt werden wir das ökonomische, soziale und ökologische Leiden der Menschheit heilen können, *weil wir uns geheilt haben!*

Dieser Schritt wird das Tor zu einer Wirklichkeit mit völlig neuen Möglichkeiten öffnen.

*Seine Schüler sprachen zu ihm.*
*„Wann wird das Reich kommen?"*
*Jesus sprach:*
*„Es wird nicht kommen,*
*wenn ihr darauf wartet.*
*Man wird nicht sagen:*
*‚Seht, hier ist es' oder:*
*‚Seht, dort ist es!'*
*Das Reich des Vaters ist vielmehr über die Erde ausgebreitet,*
*und die Menschen sehen es nicht."*

*Thomasevangelium Satz 113*

### Ein transformiertes Geldsystem

Ich möchte hier nur sehr oberflächlich ein „transformiertes" Geldsystem skizzieren. Die Thematik ist so umfassend, dass ich am liebsten auf einschlägige Literatur hinweisen[67] möchte. Dennoch kam ich zu dem Schluss, dass ich meinen heutigen Standpunkt nicht verhehlen sollte, um den interessierten Leser für eine weitere Untersuchung anzuregen.

Durch die Enthüllung der Illusion des Egos ist auch unsere unbewusste Schuld an unser Selbst bewusst und damit getilgt. Somit ist die Verdrängung und Projektion der Schuld auf ein äußeres Sühnesymbol mit allen seinen enormen Verwicklungen nicht mehr notwendig. Geld kann nun von seinen Dysfunktionen befreit werden und seiner Bestimmung als funktionierendes Tauschmittel zugeführt werden.

Folgende zwei Kernpunkte müssten dazu aus meiner Sicht reformiert werden.

## 1.) Selbstverantwortliche Geldschöpfung zum Nutzen aller

Mit der Rücknahme der Schuldprojektion braucht auch die Verantwortung über unser Leben nicht mehr projiziert werden. Ohne ein Urteil wird die Schuld zur Verantwortung. Sobald die Verantwortung wieder an uns zurückgefallen ist, können wir die Macht über unser Leben wieder zurücknehmen. Folglich brauchen wir die Schöpfung unseres lebensnotwendigen Tauschmittels nicht mehr fremden, d. h. projizierten Mächten zu überlassen. Nun können wir selbstverantwortlich das Tauschmittel schaffen, das wir zur Bildung einer nachhaltigen und gerechten Gemeinschaft für sinnvoll halten. So wird die Geldschöpfung zum ersten Mal zu einer bewussten, demokratischen Übereinkunft, ein per Gesetz von einer selbstbewussten Gemeinschaft konstruiertes und geschaffenes Zahlungsmittel. Das demokratische Gemeinwesen gibt das Geld selbst heraus, das es zur Bewältigung seiner gemeinschaftlichen Aufgaben braucht.

Die Frage ist: Haben wir genügend Selbstvertrauen, um uns vom Diener des Geldes zum bewussten Schöpfer des Tauschmittels zu entwickeln?

Der Gewinn zwischen den Geldschöpfungskosten und dem Nennwert darf auf keinen Fall mehr von privaten Kräften abgeschöpft werden, sondern muss der Gemeinschaft zugute kommen. Der Wert des Geldes wird schließlich erst von der Gemeinschaft durch Akzeptanz geschaffen.

Wo immer etwas geleistet werden will und es den Wunsch zu tauschen gibt, soll genügend Geld als Tauschmittel der Gemeinschaft zur Verfügung stehen. Geld darf nie wieder deshalb Herrscher über unser Leben werden, weil es zu knapp ist.

Die Struktur unseres neuen Geldes wird ein Ausdruck unseres bewussten und befreiten Geistes sein. Es wird nicht mehr unbewusste Schuld und ein Opfer repräsentieren, sondern bewusste Liebe, ein bewusstes Geschenk an uns alle, um unserem Leben inneren und äußeren Reichtum und Zufriedenheit zu schenken.

## 2.) Liegegebühr statt Zinsen

Das Marktgesetz von Angebot und Nachfrage muss auch das Kapital erfassen. Darum muss Kapital, ebenso wie Waren und Dienstleistungen, an Wert verlieren, wenn es gehortet wird.

Der Geldreformer Silvio Gesell hat bereits vor über hundert Jahren eine solche Gebühr auf das Horten von Geld vorgeschlagen, um die Dysfunktion des Geldes zu beheben. Auf diese Weise imitiert und würdigt das Tauschmittel Geld die Vergänglichkeit der Waren und der Dienstleistung, für die das Geld ja ein Äquivalent sein soll. Das Geld verliert dadurch seine strukturelle Überlegenheit über Hersteller und Dienstleister.

Der gewünschte Effekt ist folgender: Die bei Hortung fällige Gebühr wird jeder vermeiden wollen, und deshalb wird das Geld stets zum Kauf von Waren und Dienstleistungen, zur Rückzahlung von Schulden verwendet oder zur Bank gebracht.

Dadurch lohnt es sich nicht mehr, Geld zu akkumulieren und es ist nicht mehr möglich, einen Zins von der Allgemeinheit für die Rückführung des allgemeinen Tauschmittels zu erpressen. Die Gebühr auf das Horten, auch Liegegebühr genannt, übernimmt nun die Funktion der Umlaufsicherung. Die über Jahrtausende wiederholten gesellschaftlichen Tragödien, bei denen durch Zinsen das Geld in den Händen von wenigen akkumuliert wurde – mit all den dazugehörigen sozialen und ökologischen Verwerfungen –, wären endlich passé.

Die Liegegebühr ist damit Ausdruck für die Erkenntnis, dass das Tauschmittel ein rein öffentliches Gut ist, das im Besitz der

Gemeinschaft ist und das darum nicht im privaten Besitz verweilen darf. Es ist die Grundlage der arbeitsteiligen Gesellschaft und damit der Zivilisation. Wer es dem Wirtschaftskreislauf der Gesellschaft entzieht, darf nicht durch einen Zins belohnt werden, damit er es anderen überlässt, sondern muss eine Gebühr bezahlen.

Geld wird damit zu einem reinen Tauschmittel und eignet sich nicht mehr zur langfristigen Wertaufbewahrung, zur Akkumulation oder zur Spekulation. Wer Werte langfristig lagern möchte, sollte in langfristige Projekte oder z. B. Kunst investieren.

Je schneller das Geld umläuft, desto mehr Wohlstand wird es unter uns allen schaffen. Wir wissen: Reichtum entsteht im Lebensfluss. Durch freies Geben und Nehmen entsteht der Reichtum unserer Welt. Angst vor Mangel oder Gier sind nun nicht mehr in das System eingebaut. Dadurch fördern wir auch eine spirituelle Genesung der Gesellschaft. Ohne Zinsen wird die Wirtschaft vom Wachstumszwang befreit. Die Wirtschaft wird darum nur soweit wachsen, bis ein optimales Gleichgewicht zwischen materiellen Wünschen und natürlicher Zufriedenheit erreicht ist. Nachhaltiges Wirtschaften hilft wiederum der Natur zu genesen.

Bernard A. Lietaer zeigt in seinen Büchern „Das Geld der Zukunft" und „Mysterium Geld" auf, wie Gesellschaften mit nicht hortbarem Geld nachhaltigen Wohlstand für die gesamte Bevölkerung schufen. Er zeigt auch auf, dass in solchen Gesellschaften die Frau und die „große Mutter" geehrt wurde. Sobald es jedoch wieder möglich war, das Geld zu horten, verfiel die Gesellschaft in Mangel und Ungleichheit. Geld mit Liegegebühr würde darum auch heute die Entwicklung einer nachhaltigen und verantwortungsvollen Wirtschaft und einer liebevolleren Kultur begünstigen.

## Zum Abschluss

Für entscheidend betrachte ich die Erkenntnis, dass es einen Zusammenhang zwischen der Illusion des Egos und der des schuldbasierten Geldes gibt. Daraus folgt für mich, dass beide gleichzeitig bewusst gemacht werden müssen, um das menschliche Bewusstsein aus seiner Illusion und seinem Leiden zu befreien. Beide Illusionen sind miteinander verbunden. Eine Transformation des Geldsystems ohne das ausgesprochene Ziel einer Transformation unseres Bewusstseins scheint mir langfristig nicht möglich zu sein.

Der Sinn der Projektion liegt ja darin, dass wir uns der Ursache im Projektor bewusst werden. Bekämpfen wir die Projektion, ohne über die Ursache bewusst zu werden, dann verpassen wir den notwendigen Bewusstseinsschritt, der unsere Realität tatsächlich und auf Dauer verändert. Dann tauschen wir möglicherweise nur die Gefängniswärter aus, aber erlösen uns nicht von unserem illusorischen Gefängnis.

Wie könnte die Projektion aufgelöst werden, wenn der Projektor noch immer projiziert, d. h. verdrängt? Die Abschaffung des Schuldsystems ohne eine Bewusstseinsveränderung in der Gesellschaft wäre eine direkte Bedrohung des Egos, weil der unbewusste Sühnedienst an der Schuld ja Teil seines psychologischen Konzeptes ist, um seine Illusion aufrechtzuerhalten. Wir würden dem Problem nicht wirklich auf den Grund gehen, sondern nur ein Symptom bekämpfen, damit später, an einer anderen Stelle, ein neues Symptom derselben Krankheit erscheint. Ich denke, die Geschichte hat uns gelehrt, dass solche Versuche der Symptombehandlung nicht sehr viel gebracht haben.

Aus diesem Grunde möchte ich hier am Ende meiner Argumentation nochmals betonen, dass das soziale und ökologische Drama, das durch die Verschuldungskrise entstanden ist, ein zwar schmerzhafter, aber umso wertvollerer Hinweis auf das

Drama in unserem Inneren ist und dass nur dort wirkliche Veränderung geschieht.

Das heißt nicht, dass ich eine Geldreform nicht begrüßen würde. Es heißt nur, dass ich die Heilung unseres Bewusstseins für die *eigentliche* Reform halte und dass eine Geldreform ohne eine Reform des Bewusstseins langfristig aus psychologischen Gründen nicht möglich sein wird. Folglich sollte eine Geldreform *Ausdruck* eines entstehenden neuen Bewusstseins sein. Eine Geldreform könnte natürlich ein wichtiger institutioneller Hebel sein, um eine allgemeine Bewusstseinsveränderung zu beschleunigen. Entscheidendes Ziel für den Heilungsprozess muss aber die Befreiung von der Illusion der Schuld und des Egos sein, denn sonst wird es vermutlich kaum möglich sein, die kollektive Projektion des Schuldgeldes abzuschaffen.

Wir befreien unsere Welt, wenn wir uns von unseren Illusionen befreien.

*„Wir brauchen nicht so fort zu leben, wie wir gelebt haben, macht Euch nur von der Anschauung frei, und tausend Möglichkeiten laden Euch zu neuem Leben ein."*

*Christian Morgenstern*

# Anmerkungen

[1] Zeitschrift Humanwirtschaft, Sept./2002, Seiten 20–21

[2] John Law: *Money and Trade Considered, with a Proposal for Supplying the Nation with Money*, 1705, Edinburg, bei James Buchan, *Unser Geld*, Köln 1999, S. 100, 1999

[3] John Grey: *An effective Remedy for the Distress of Nations.* 1842, bei: Rowbotham, *The Grip of Death*

[4] Helmut Creutz: *Das Geldsyndrom*, Ullstein Verlag, 1996, Seite 78

[5] Bernard A. Lietaer: *Das Geld der Zukunft*, Riemann Verlag 2002, Seite 41

[6] zitiert bei Stephen Zarlenga, *Der Mythos vom Geld – die Geschichte der Macht*, Conzett Verlag bei Oesch

[7] Alan Greenspan; www.federalreserve.gov/boarddocs/speeches/2002/200201163/default.htm

[8] Henry Clay Lindgren: *Psychologie des Geldes*, Conzett, 1999, S. 71

[9] Bernard A. Lietaer: *Das Geld der Zukunft*, Riemann Verlag 2002, S. 105

[10] Ebenda, Seite 116

[11] Stephen Zarlenga: *Der Mythos Geld – Die Geschichte der Macht*, Conzett 1999, S. 13–14,

[12] Bernard A. Lietaer: *Das Geld der Zukunft*, Riemann Verlag 2002, S. 110

[13] Bernhard Laum: *Heiliges Geld*, S. 158–159, zitiert bei Zarlenga

[14] siehe Artikel in „Humanwirtschaft", Nr. 9/2002, Seite 32

[15] Bernard A. Lietaer: *Das Geld der Zukunft*, Riemann Verlag 2002, S. 111

[16] Starhawk: *Wilde Kräfte. Sex, Magie und eine erfüllte Welt*, Freiburg 1987

[17] Stephen Zarlenga: *Der Mythos Geld – Die Geschichte der Macht*, Conzett, Seite 149

[18] Ebenda

[19] Bernard A. Lietaer: *Das Geld der Zukunft*, Riemann Verlag 2002, S. 67

[20] Michael Rowbotham: *The grip of death*, Seite 187–189

[21] John Kenneth Galbraith: *Geld. Woher es kommt, wohin es geht*, München 1976, S. 39

[22] Michael Rowbotham: *The grip of death*, Seite 189

[23] Bernard A. Lietaer: *Das Geld der Zukunft*, Riemann Verlag 2002, S. 68

[24] Ebenda, S. 69

[25] Giovanni Arrghi: *The long Twentieth Century*, Seite 371 in der schwedischen Übersetzung

[26] Michael Rowbotham: *The grip of death*, Seite 10

[27]Ebenda, Seite 10

[28] Bernard A. Lietaer: *Das Geld der Zukunft*, Riemann Verlag 2002, S. 67

[29] John Kenneth Galbraith: *Geld. Woher es kommt, wohin es geht*, München 1976, S. 39

[30] Henry Clay Lindgren: *Psychologie des Geldes*, Conzett Verlag, S. 71

[31]www.federalreserve.gov/boarddocs/speeches/2002/200201163/default.htm

[32] Interview mit Joseph Huber in der schwedischen Zeitschrift „Pengar“, Juni 2001, Seite 6

[33]  Helmut Creutz: *Das Geld Syndrom*, 1996, Seite 34

[34] Interview mit Joseph Huber in der schwedischen Zeitschrift „Pengar“, Juni 2001, Seite 7

[35] Michael Rowbotham: *The grip of death*, 1998, Seite 12

[36] Henry Clay Lindgren: *Psychologie des Geldes*, Conzett Verlag, S. 82

[37] Bernard A. Lietaer: *Das Geld der Zukunft*, Riemann Verlag 2002, S. 68

[38] Michael Rowbotham: *The grip of death*, Seite 13

[39] C. H. Douglas, *Dictatorship by Taxation*. Vancouver, Institute of Economic Democracy, 1936

[40] Zitiert bei: Eric de Maré: *A Matter of Life or Debt*, Humane World Community, S. 83

[41] Ebenda

[42] Ebenda

[43] Lord J. Stamp. Public Adress in Central Hall, Westminster. 1937, zitiert bei Rowbotham: *Grip of death* und bei Eric de Maré: *A Matter of Life or Debt*, Seite 86

[44] Siehe z. B. Bernard Lietaer: *Das Geld der Zukunft*, Riemann

Verlag 2002 oder Margrit Kennedy, Bernard Lietaer: *Regionalwährungen*, Riemann Verlag.

[45] Interview mit Joseph Huber in der schwedischen Zeitschrift „Pengar", Juni 2001, Seite 7

[46] Quelle: Projekt „Responsible Wealth"

[47] Bernard A. Lietaer: *Das Geld der Zukunft*, Riemann Verlag 2002, S. 134

[48] Ebenda, S. 135

[49] Viviane Forrester: *Die Diktatur des Profits*, S. 6–7, Carl Hanser Verlag, München

[50] Norman O. Brown: *Zukunft im Zeichen des Eros*, Pfullingen 1962, Seite 312

[51] Henry Clay Lindgren: *Psychologie des Geldes*, Conzett Verlag, S. 77

[52] Norman O. Brown: *Zukunft im Zeichen des Eros*, Neske, Pfullingen 1962, Seite 298–299

[53] Giovanni Arrghi: *The long Twentieth Century, Money, Power and the Origin of Our Times*

[54] Wolfgang Harsch: *Die psychoanalytische Geldtheorie*, Fischer Verlag, S. 113

[55] Norman O. Brown: *Zukunft im Zeichen des Eros*, Neske, Pfullingen 1962, Seite 312

[56] Warner, Marina: Maria: *Geburt, Triumph, Niedergang-Rückkehr eines Mythos*, München 1982, Seite 89

[57] Om C. Parkin: *Die Geburt des Löwen*, Lüchow, Seite 71

[58] Ebenda, Seite 73

[59] aus: *A course in miracles*, Seite 83, Greuthof Verlag, Gutach i. Br. 2001

[60] Norman O. Brown, *Zukunft im Zeichen des Eros*, Neske, Pfullingen 1962, Seite 329

[61] *Das Thomasevangelium*, Übersetzung von Christoph Greiner, Genius Verlag, Aach

[62] Om C. Parkin: *Die Geburt des Löwen*, Lüchow, Seite 72

[63] Norman O. Brown: *Zukunft im Zeichen des Eros*, Neske, Pfullingen 1962, Seite 337

[64] siehe Wolfgang Harsch: *Die psychoanalytische Geldtheorie*, Fischer Verlag

186

[65] Die CD „So Many Blessings" von Steven Walters kann unter **http://www.stevenwaltersmusic.com** bestellt werden

[66] Om C. Parkin: *Die Geburt des Löwen*, Lüchow, Seite 73

[67] Siehe Literaturverzeichnis

# Literaturverzeichnis

Bernard A. Lietaer: Mysterium Geld, Riemann Verlag

Bernard A. Lietaer: Das Geld der Zukunft, Riemann Verlag
Stephen Zarlenga: Der Mythos vom Geld – die Geschichte der Macht, Conzett Verlag
Margrit Kennedy: Geld ohne Zinsen und Inflation, Goldmann Verlag
Hans-Peter Martin und Harald Schumann: Die Globalisierungsfalle, Rowohlt
Eric de Maré: A Matter of Life or Debt, Humane World Community
Michael Rowbotham: The grip of death, Jon Carpender
Henry Clay Lindgren: Psychologie des Geldes, Conzett Verlag
Giovanni Arrghi: The Long Twentieth Century
Thorwald Dethlefsen: Schicksal als Chance, Goldmann Verlag
James Buchan: Unser Geld; DuMont Verlag
Jared Diamond: Arm und Reich, Fischer Taschenbuch
Eric Wolf: Die Völker ohne Geschichte, Campus
Helmut Creutz: Das Geldsyndrom, Ullstein Verlag
Viviane Forrester: Der Terror der Ökonomie, Zsolnay Verlag
Viviane Forrester: Die Diktatur des Profits, Hanser Verlag
Silvio Gesell: Die natürliche Wirtschaftsordnung
Kenwood, Lougheed: The growth of the international economy 1820–1990, Routledge
Peter Schellenbaum: Abschied von der Selbstzerstörung, dialog & praxis
Wolfgang Harsch: Die psychoanalytische Geldtheorie, Geist und Psyche Fischer
Norman O. Brown: Zukunft im Zeichen des Eros, Neske
Ruediger Dahlke: Woran krankt die Welt?, Riemann

Catherine Caufield: Masters of Illusions, PAN
Joseph Stiglitz: Die Schatten der Globalisierung, Siedler
Karl Walker: Das Geld in der Geschichte, Conzett/Oesch
Ken Wilber: Eine kurze Geschichte des Kosmos, Spirit Fischer
Jiddu Krishnamurti: Anders leben, Ullstein
Ken Wilber: Das Wahre, Schöne und Gute, Krüger Verlag
Christoph Greiner: Das Evangelium nach Thomas; Genius Verlag
Om C. Parkin: Die Geburt des Löwen, Lückow
Ken Wilber: Das Spektrum des Bewusstseins, rororo
Robert E. Buswell: Tracing Back the Radiance – Chinul's Korean Way of Zen; Kuroda Institute
Neale Donald Walsch: *Gespräche mit Gott*, Bände 1–3 , Arkana Verlag

Lightning Source UK Ltd.
Milton Keynes UK
UKHW020727090819
347691UK00011B/1114/P

9 783833 433108